Carlomagno

Una guía fascinante sobre el mayor monarca del Imperio carolingio y cómo gobernó sobre francos, lombardos y romanos

© Copyright 2021

Todos los derechos reservados. Ninguna parte de este libro puede ser reproducida de ninguna forma sin el permiso escrito del autor. Los revisores pueden citar breves pasajes en las reseñas.

Descargo de responsabilidad: Ninguna parte de esta publicación puede ser reproducida o transmitida de ninguna forma o por ningún medio, mecánico o electrónico, incluyendo fotocopias o grabaciones, o por ningún sistema de almacenamiento y recuperación de información, o transmitida por correo electrónico sin permiso escrito del editor.

Si bien se ha hecho todo lo posible por verificar la información proporcionada en esta publicación, ni el autor ni el editor asumen responsabilidad alguna por los errores, omisiones o interpretaciones contrarias al tema aquí tratado.

Este libro es solo para fines de entretenimiento. Las opiniones expresadas son únicamente las del autor y no deben tomarse como instrucciones u órdenes de expertos. El lector es responsable de sus propias acciones.

La adhesión a todas las leyes y regulaciones aplicables, incluyendo las leyes internacionales, federales, estatales y locales que rigen la concesión de licencias profesionales, las prácticas comerciales, la publicidad y todos los demás aspectos de la realización de negocios en los EE. UU., Canadá, Reino Unido o cualquier otra jurisdicción es responsabilidad exclusiva del comprador o del lector.

Ni el autor ni el editor asumen responsabilidad alguna en nombre del comprador o lector de estos materiales. Cualquier desaire percibido de cualquier individuo u organización es puramente involuntario.

La acción correcta es mejor que el conocimiento; pero para hacer lo correcto, debemos saber lo que es correcto.

— Carlomagno

Índice

INTRODUCCIÓN 1
CAPÍTULO 1 - ANTES DEL GRAN REY 3
CAPÍTULO 2 - EL ASCENSO AL PODER...13
CAPÍTULO 3 - RIVALIDAD ENTRE HERMANOS..........................25
CAPÍTULO 4 - AL RESCATE DEL PAPA 36
CAPÍTULO 5 - LA ÚNICA DERROTA 48
CAPÍTULO 6 - LA QUEMA DE LOS LUGARES SAGRADOS 59
CAPÍTULO 7 - MÁS CONQUISTAS 74
CAPÍTULO 8 - EL SURGIMIENTO DE UN IMPERIO 84
CONCLUSIÓN..96
VEA MÁS LIBROS ESCRITOS POR CAPTIVATING HISTORY 98
FUENTES 99

Introducción

Guerrero. Gobernante. Patrón de las artes y la lengua. Terrorista. Opresor brutal. Protector del bien. Guardián de la cristiandad. Padre de Europa. Hay muchas maneras de describir a Carlomagno y, sin embargo, a menudo se le considera un enigma. Según el punto de vista de la historia, podría haber sido un monstruo o un ángel de la guarda. Sin embargo, como ocurre con la mayoría de los hombres, la verdad se encuentra en algún punto intermedio. La verdad es que era humano.

Carlomagno, coronado emperador de Roma y rey de los francos y lombardos, fue el tercer gobernante de la dinastía carolingia. También se le conoce como Carlos el Grande, y la grandeza es ciertamente una palabra adecuada para describir su ilustre gobierno de 47 años. Añadió enormes extensiones de tierra al reino franco, reformó todo, desde la administración hasta la moneda y la lengua, y cambió para siempre la dinámica entre la Iglesia y el Estado, una influencia determinante en toda Europa durante la Edad Media.

Pero Carlomagno también vivió como un ser humano, un hombre que amó, perdió, cometió errores y soportó todo el espectro de emociones. Un hombre que nunca estuvo realmente satisfecho con sus logros, cuya constante sed de más nunca fue saciada. Aunque anhelaba más, se puede decir que permanecerá para siempre como una de las figuras más influyentes de toda la historia. Y esta es su historia.

Capítulo 1 - Antes del gran rey

El nombre de Carlomagno es un nombre que a muchos les resultará familiar, un nombre que ha sido invocado por muchos poderes en los siglos transcurridos desde su reinado, desde el Sacro Imperio Romano hasta la Alemania nazi. Todos sabemos que Carlomagno fue un gran rey de Francia. Lo que muchos no saben es que Carlomagno fue el rey de Francia antes de que el nombre de Francia siquiera existiera.

En realidad, Carlomagno era el rey de un territorio mucho más grande que la Francia actual, que abarcaba seis países modernos de Europa occidental. Este territorio era conocido como la Galia. Y el pueblo que gobernaba Carlomagno acabaría dando su nombre a la tierra que hoy conocemos como Francia. Se llamaban los francos, y su historia se remonta a siglos antes de que naciera su primer gran rey.

La primera historia de los francos

Nadie sabe realmente cuánto tiempo hace que comenzó la tribu de los francos. Los primeros registros que tenemos de ellos provienen de la época de los antiguos romanos, que intentaron conquistar a este pueblo; para entonces, los francos ya eran una tribu grande, eficiente y guerrera. Probablemente se originaron en algún lugar del noroeste de Alemania, a lo largo de las orillas del Rin, cuando un grupo de tribus más pequeñas se reunió —quizá uniéndose contra un enemigo común— y formó una confederación. Así nacieron los francos, gobernados por dos poderosas familias llamadas ripuarios y salios.

Sin embargo, no se llamaban a sí mismos los francos. Este nombre se lo dieron los romanos, y significaba "feroz", un título que se ganaron con sangre. Cuando Roma se expandió por la Galia a lo largo de los primeros siglos de la era cristiana, se convirtió en el primer pueblo que dejó constancia de los francos, y se enfrentó a una tribu de "bárbaros" que resultó ser mucho más organizada de lo que los romanos esperaban. Incluso en el apogeo de su poder imperial, Roma se esforzó mucho contra los francos e incluso conquistó la Galia, pero no pudo acabar con el espíritu de lucha de los francos. En el año 287, los romanos no tuvieron más remedio que firmar un tratado con los francos, que acabó con el reclutamiento de muchos soldados francos en el ejército romano.

Los romanos pronto descubrieron que los francos eran mejores como amigos que como enemigos. De hecho, los francos, que luchaban del lado de Roma, demostraron ser soldados tan fuertes que sus colegas romanos empezaron a inventar leyendas sobre ellos. La más duradera de estas leyendas es que los francos descendían de guerreros troyanos. Troya, en su tiempo, había sido legendaria por sus proezas. Por muy romántica que sea esta idea, lamentablemente es muy poco probable que sea cierta.

Sin embargo, los francos se convirtieron en una parte integral del poderoso ejército de la antigua Roma. En los siguientes 200 años, el número de francos en el ejército romano creció tanto que superaban en número a todos los demás soldados que no eran ciudadanos romanos. Esto resultó ser algo bueno. Los francos se convertirían en un activo inestimable en la lucha de Roma contra uno de los personajes más intimidantes de la historia: Atila el Huno.

Los hunos eran una tribu nómada de Asia y Europa del Este que llevaba décadas creciendo en la sombra cuando Atila se convirtió en su rey en el año 445 de la era cristiana. Atila amaba la caza, la bebida y las mujeres. También le gustaba la conquista y, a diferencia de los reyes húngaros que le habían precedido, Atila tenía una ambición mayor que la de gobernar un puñado de tribus. En los seis años siguientes, consiguió unir a los salvajes y belicosos hunos en una sola fuerza imparable que llevaría la devastación hasta las mismas puertas del Imperio romano.

Todo comenzó con una hermosa chica llamada Honoria. Como hermana del emperador romano Valentiniano III, Honoria era una princesa de Roma. Era una de las mujeres más importantes del mundo, pero su opinión no tenía ninguna importancia, especialmente cuando se trataba de con quién se casaría. Valentiniano quería casarla con un viejo y aburrido oficial romano para reforzar los lazos familiares. Odiando la idea, Honoria decidió que se buscaría otro marido, uno que hiciera temblar al propio Valentiniano. Escribió una carta a Atila el Huno, adjuntando un anillo y proponiéndole matrimonio.

El intento de Honoria de controlar su propio destino duró poco. En cuanto Valentiniano se enteró, la casó con el oficial romano, pero ya era demasiado tarde para detener a Atila. Se le había prometido una princesa romana como novia, y la tendría, pasara lo que pasara. Invadiendo la Galia, comenzó a saquear una ciudad tras otra, incendiándolas en un intento de obtener a Honoria.

Gran parte de la Galia formaba parte del territorio romano en aquel momento, pero los francos y sus vecinos, los godos y los visigodos, eran pueblos libres, y los romanos sufrieron duras derrotas contra Atila antes de darse cuenta de que su única esperanza de vencerlo era combatir el fuego con fuego (o bárbaros con bárbaros, en este caso). El general romano Flavio Aecio, un estratega dotado, aunque con prejuicios, formó una alianza con numerosas tribus galas. Los francos estaban entre ellos. Acudieron en ayuda de la ciudad asediada de Orleans, obligando a Atila a abandonar el asedio y emprender una lenta huida hacia su patria. Fue una huida que no pudo mantener. Su ejército se quedó sin comida y agua, y sin tener otra opción, Atila se volvió para enfrentarse a los romanos que se acercaban y a sus aliados bárbaros.

Reforzados por sus aliados francos, los romanos se enfrentaron a su adversario huno en las llanuras catalanas en el año 451 de la era cristiana. La batalla resultante fue absolutamente brutal para los francos. Aecio favorecía a sus soldados romanos y consideraba a los bárbaros como prescindibles, por lo que envió a los francos a un peligro espantoso, lo que provocó un gran número de bajas francas, mientras que los romanos se mantuvieron relativamente a salvo. No obstante, los francos no tuvieron miedo y se ganaron su nombre de "feroces" al caer sobre los flancos de los hunos. Aquel día Atila tuvo que huir de nuevo, y fue la única vez que fue derrotado.

Atila no regresó a la Galia. Probablemente planeaba hacerlo, pero en el año 453 de la era cristiana, el rey huno se encontró con un final improbable para un hombre tan belicoso. Siendo polígamo, Atila decidió que si no podía tener a Honoria en ese momento, simplemente tomaría un premio de consolación para que le sirviera de ayuda antes de poder reclamar a su princesa romana. Esta resultó ser una chica llamada Ildico, que sería su muerte, literalmente. En su noche de bodas, Atila bebió hasta caer en coma. Mientras yacía en su estupor de borracho, su nariz comenzó a sangrar. La hemorragia no era catastrófica, pero sí lo era su estado de embriaguez, ya que había caído en un coma alcohólico tan profundo que ni siquiera podía percibir que su propia sangre se deslizaba constantemente por su tráquea. Esa noche, Atila se ahogó en su propia sangre.

El ascenso de Clodoveo

En el momento de la batalla de las llanuras catalanas, los francos estaban dirigidos por su rey, Meroveo. Su nombre se convertiría en leyenda no por su papel en la derrota de Atila el Huno, sino por el nieto que dejaría tras su muerte: Clodoveo.

El hijo de Meroveo, Childerico I, murió treinta años después de la derrota de Atila, dejando al pueblo franco en manos de su hijo, Clodoveo, que entonces solo tenía quince años. Era una época en la que los niños gobernantes solían causar terribles penas y problemas a sus súbditos. Un niño de quince años, en la actualidad, difícilmente sería considerado un gobernante adecuado para toda una tribu. Los francos tenían mucho que temer, como que su rey se convirtiera en un tirano o, tal vez peor, una regencia pendenciera que pudiera estallar en una guerra civil. Pero, a diferencia de muchos otros en la historia, este rey adolescente se convertiría en un poderoso gobernante.

Clodoveo demostró ser un guerrero intrépido y un hábil estratega. Llegó al poder con una visión ambiciosa: ver toda la Galia unida bajo su dominio. El único problema era que Galia ni siquiera estaba bajo el dominio franco en ese momento. En cambio, pertenecía a los romanos.

Como demuestra el trato que Flavio Aecio dio a los francos durante la batalla de las llanuras catalanas, los romanos podían convivir con los francos, pero seguían creyendo que eran profundamente inferiores a los romanos. Este prejuicio era evidente en todo el Imperio romano, y Clodoveo ya estaba harto. Debió escuchar las historias de su padre sobre cómo sus hombres habían sido masacrados como cerdos en las llanuras mientras los soldados romanos observaban. Clodoveo estaba harto del dominio romano.

En 486, cuando solo tenía veinte años, Clodoveo se volvió contra su antiguo aliado, Siagrio, el gobernador romano de la Galia. Siagrio se enfrentó a Clodoveo en una batalla abierta y fue derrotado por el joven rey franco. El gobernador huyó hacia otro aliado "bárbaro", Alarico II, el rey de los visigodos (no confundir con su bisabuelo, Alarico I, el hombre que saqueó Roma). Resultó ser una jugada poco inteligente. Los visigodos habían sido asesinados en las llanuras catalanas al igual que los francos; además, Alarico no tenía intención de enfadar a Clodoveo. Cuando Clodoveo le envió mensajeros exigiéndole que entregara al gobernador romano, Alarico se apresuró a cumplir. Siagrio fue enviado a Clodoveo, quien rápidamente lo decapitó. Y así, el control romano de la Galia llegó a un final rotundo. De hecho, todo el Imperio romano estaba en su agonía en este punto, y el asesinato de Siagrio por parte de Clodoveo fue uno de los golpes finales que se le daría al imperio moribundo.

Ahora que los romanos estaban fuera del camino, Clodoveo se dedicó a unir toda la Galia bajo su dominio, conquistando a los líderes francos que se atrevían a enfrentarse a él. Mató a muchos de ellos, obligando a sus tribus a unirse a él y convirtiendo la Galia en un único y poderoso territorio bajo un solo rey franco. A principios del siglo VI, Clodoveo controlaba todo desde el canal de la Mancha hasta los Alpes. Su territorio incluía la actual Francia, Luxemburgo, Alemania y los Países Bajos, así como partes de Suiza y el norte de Italia.

Clodoveo, como las generaciones de francos que le precedieron, era pagano; servía a numerosos dioses tradicionales, al igual que sus antepasados. Pero durante los últimos 500 años, un nuevo nombre se había extendido por todo el mundo desde su lugar de nacimiento en Oriente Medio. Incluso Roma había abandonado a sus dioses y astrónomos para seguir esta religión. Era el cristianismo, y se estaba extendiendo lentamente por el mundo conocido.

Clodoveo había entrado en contacto con algunas formas de cristianismo durante su gobierno. No solo había conocido a los romanos, que eran católicos, sino que también se había encontrado con los godos, que seguían el cristianismo arriano. Clodoveo no tenía ninguna disputa con los cristianos, pero tampoco tenía intención de convertirse. Pero, según su biógrafo, todo cambió durante una batalla con la tribu de los alamanes alrededor del año 503 de la era cristiana.

Clodoveo se convierte

Los alamanes estaban ganando.

Las tropas de Clodoveo estaban en plena batalla con la tribu germánica, a la que Clodoveo intentaba someter, una tribu cuyas tierras esperaba añadir a su creciente territorio. Ahora, sin embargo, parecía que los germanos no iban simplemente a resistirse a él: iban a destruirlo. Dondequiera que Clodoveo mirara, podía ver que sus hombres estaban muriendo.

Clodoveo no era de ninguna manera inexperto en la batalla. Había sido rey durante más de veinte años, y había pasado cada uno de esos años luchando contra algún enemigo, normalmente un enemigo de su propia cosecha. Pero nunca había visto las cosas tan mal. Sabía que estaba a punto de ser derrotado, tal vez incluso asesinado, y la tierra se había teñido de rojo sangre mientras sus hombres morían a diestro y siniestro. Su propia espada estaba teñida de sangre, y cada vez aparecían más enemigos por dondequiera que él miraba.

Sabía que esta vez no llegaría a casa, no desde esta campaña, y su corazón huyó de nuevo hacia la mujer que amaba: la princesa borgoñona con la que se había casado. Clotilde, como la mayoría de su pueblo, era católica. Estaban felizmente casados, pero había una cosa en la que nunca se habían puesto de acuerdo: la religión. Durante años, ella le había implorado que abandonara su fe tradicional y sirviera a su Dios. Clodoveo siempre se había negado. Pero ahora, parecía que sus dioses lo habían abandonado. Parecían impotentes ante la furia de los alamanes.

Clodoveo estaba desesperado. Quería llegar a casa, por cualquier medio necesario, y rezó en voz alta al Dios al que servía su esposa. Increíblemente, ante sus propios ojos, ocurrió un milagro. La marea de la batalla comenzó a cambiar. Los alamanes arrojaron sus armas, se dieron la vuelta y huyeron como si los francos hubieran caído sobre ellos con carros de fuego.

O al menos eso es lo que cuenta la historia de la conversión de Clodoveo según Gregorio de Tours, un historiador de finales del siglo VI. Según Gregorio, Clodoveo regresó a Clotilde totalmente humillado. Una vez que le contó todo lo que había ocurrido durante la batalla, Clotilde convenció al obispo católico de Reims para que le predicara a Clodoveo. Hubo muchas conversaciones entre los dos hombres, y al final, Clodoveo se convirtió. Fue bautizado en una pequeña abadía de Reims, y así los francos se convirtieron en un pueblo católico, o al menos su rey lo hizo.

Independientemente de la exactitud del relato de Gregorio, lo cierto es que Clodoveo se convirtió al cristianismo, concretamente al catolicismo romano. Había derrotado a los romanos casi veinte años antes, pero ahora adoptó la religión de sus enemigos. Así comenzó la larga y complicada historia del papado romano y los reyes francos.

La dinastía merovingia

Clodoveo fue más que un rey y un conquistador. Fue el fundador de una dinastía conocida como la dinastía merovingia, que lleva el nombre del abuelo de Clodoveo.

Al final del reinado de Clodoveo, la Galia —y el pueblo franco— se había convertido en una de las potencias más importantes de Europa Occidental. El Imperio romano de Occidente había caído, con su último emperador depuesto en el año 476; a finales del siglo V, incluso los últimos coletazos de su cadáver se habían desvanecido. El vacío resultante fue rápidamente ocupado por el Imperio romano de Oriente y, cada vez más, por el creciente poderío de la Galia. Este poder sería muy duradero.

Clodoveo, sin embargo, no compartiría el mismo destino feliz. Murió en 511 en su capital, París, aparentemente por causas naturales. El imperio que había forjado se mantendría durante siglos, y la dinastía que había fundado gobernaría la Galia durante más de 200 años.

La dinastía merovingia gobernó la Galia desde la época de Clodoveo, a finales del siglo V, hasta el ascenso de la dinastía carolingia —cuyo rey más famoso estudiaremos en este libro— en el siglo VIII. Conocidos como los "reyes del pelo largo" por su singular aspecto, los merovingios pronto se hicieron un nombre como gobernantes hábiles y poderosos que, lamentablemente, a menudo recurrían a la simple tiranía.

La propagación del cristianismo por Europa occidental no fue tan fácil como la repentina conversión de Clodoveo I. Una vez que los merovingios se aliaron estrechamente con el papado romano, se dieron cuenta de que este se estaba convirtiendo en una potencia mayor que el imperio en el que había nacido. El título de Emperador Romano de Occidente se había desvanecido en el olvido, pero el título de Papa Católico Romano era uno que comenzaba a imponer respeto en toda Europa. Los merovingios lo veían como un aliado útil, y estaban decididos a poner su reino bajo el control católico, a menudo por razones puramente políticas.

Así, los merovingios forzaron la evangelización a punta de espada, persiguiendo a los paganos que aún observaban las antiguas tradiciones francas. A medida que crecía su control sobre el reino, y que otras naciones comenzaron a mostrar más y más respeto a los poderosos francos durante los siguientes 200 años, el apetito de poder de los merovingios se volvió insaciable. Sus acciones estaban motivadas únicamente por la política, y esto acabaría siendo su perdición.

Tras años de estrecha alianza con el papado, los reyes merovingios comenzaron a nombrar a líderes seculares en puestos eclesiásticos. Los laicos desempeñaban funciones religiosas, algo que la Iglesia católica romana no toleraba. Los enfrentamientos con el papado se sucedieron y, a principios del siglo VIII, la larga alianza de los merovingios con el papa prácticamente había terminado.

Una serie de otros factores contribuyeron al declive del poder merovingio, y los otrora grandes reyes de pelo largo se habían vuelto tan displicentes y débiles que ahora se les conocía como los "reyes de la nada". El poder de Roma había desaparecido, y el propio papado estaba amenazado. Había llegado el momento de que un nuevo gobernante se levantara en Europa Occidental y devolviera la unidad a los pueblos dispersos. Y ese gobernante sería un rey franco.

Capítulo 2 - El ascenso al poder

Ilustración I: Una estatua ecuestre de Carlomagno en París, cerca de la catedral de Notre Dame

Con las manos atadas de los merovingios, Francia —el país que se había erigido en el hogar de los francos cuando la Galia de Clodoveo se fragmentó gradualmente en numerosos pequeños reinos— necesitaba, no obstante, ser gobernada. El poder no desapareció simplemente cuando los gobernantes merovingios renunciaron a él.

Por el contrario, se disipó en manos de otros, a saber, los alcaldes francos de palacio.

En la Francia del siglo VIII, los alcaldes de palacio desempeñaban un papel similar al del actual primer ministro británico. Los reyes y las reinas seguían gobernando ostensiblemente, pero en cuestiones de estado y gobierno eran poco más que testaferros. El verdadero poder pertenecía a los alcaldes, y el más grande de todos ellos era Carlos Martel.

Batalla de Tours, 732

Carlos sabía que las probabilidades estaban en su contra.

El comandante franco había dispuesto sus tropas en una formación cuadrada alrededor de la llanura boscosa, a través de la cual un viento de montaña barría con un frío glacial. Ahora esperaba, preparado para un ataque en cualquier momento, y se enfrentaba a un enemigo que había crecido tan rápido como el cáncer, y dos veces más mortífero.

Abd al-Rahman, también conocido como Abd er Rahman, el comandante del ejército musulmán que se abalanzaba rápidamente sobre Francia, era un enemigo formidable. Su caballería no se parecía a nada que Europa Occidental hubiera visto antes. Hombres morenos, armados con arcos y cimitarras, montaban caballos ligeros que no parecían cansarse nunca y se movían con una velocidad y agilidad que la pesada caballería europea nunca podría igualar. Esta combinación era una de las que Europa consideraba casi imbatible, ya que esa caballería podía acribillar a cualquier ejército, y Carlos sabía que las unidades de infantería enfrentadas a fuerzas de caballería casi siempre acababan en desastre. Sin embargo, ahí estaba él, dispuesto a enfrentarse a Abd al-Rahman con un grupo de infantería franca. Ejércitos más grandes que el suyo habían caído y habían sido destruidos por las espadas de esos jinetes musulmanes.

Las raíces del Califato omeya se remontan casi exactamente a cien años atrás. Tras la muerte del profeta Mahoma en el año 632, el Califato omeya surgió como la principal potencia musulmana, y su fervor religioso impulsó sus campañas de continente a continente. El norte de África y Oriente Medio no tenían ninguna posibilidad. Ahora, los omeyas habían puesto sus ojos en Europa, y su conquista se extendió hacia el norte y el oeste como una llama incontrolable. El ducado de Aquitania, que formaba parte de Francia, ya había caído ante sus hordas.

Carlos era la última línea de defensa para evitar que toda Francia cayera en manos de Abd al-Rahman. Su grupo de infantería era lo único que se interponía entre Francia y el Califato omeya, y sabía que la derrota significaría algo más que la pérdida de tierras y vidas. Significaría la pérdida de la cultura franca. Los francos aún eran profundamente católicos, mientras que los omeyas eran profundamente musulmanes. Ni un alma en Francia quedaría sin ser afectada por la ocupación de los omeyas. Carlos sabía que se encontraba en una encrucijada de la propia historia. La posición que había tomado cerca de la ciudad de Tours enviaría réplicas a través de los siglos venideros.

El 10 de octubre de 732, Abd al-Rahman finalmente atacó. La feroz caballería compuesta por árabes y bereberes cayó sobre la infantería franca sin piedad, y las líneas de Carlos comenzaron a ceder. Si la batalla de Tours hubiera terminado allí, como terminaron la mayoría de las batallas de Abd al-Rahman, la historia misma habría temblado hasta sus cimientos. Los soldados omeyas habrían aplastado a los francos, la llanura se habría llenado de barro y sangre, y Abd al-Rahman habría continuado sin obstáculos hasta el mismo París.

Había sucedido una y otra vez en el pasado, pero no sucedió ese día, porque Carlos golpeó a los musulmanes una y otra vez con una ferocidad que no habían llegado a esperar de los europeos, una ferocidad que le valió al líder franco el nombre de Carlos Martel: "Carlos el Martillo". Ese martillo forjó a Europa en el yunque de los omeyas ese día, e increíblemente, su infantería se enfrentó a Abd al-Rahman.

Mientras tanto, detrás de las líneas enemigas, los exploradores de Carlos se dirigían rápidamente al campamento omeya, que había sido prácticamente abandonado durante los combates. Los prisioneros francos de Aquitania esperaban allí para ser rescatados, y los exploradores hicieron un rápido trabajo con los guardias que quedaban, y luego se pusieron a liberar a los prisioneros. El campamento estaba repleto del abundante botín de las conquistas musulmanas. Pronto llegó al campo de batalla la noticia de que el campamento estaba siendo robado.

Los soldados omeyas estaban muy presionados por Carlos, y estaban cansados de luchar, ya que se enfrentaban a la posibilidad real de la derrota. Cuando se enteraron de que se llevaban su botín, empezaron a romper filas en medio del pánico, corriendo a defender su campamento. El caos estalló en todas las líneas de Abd al-Rahman. Carlos y sus hombres les empujaron con más fuerza, presionando su nueva ventaja, y de alguna manera, increíblemente, la infantería franca puso en fuga a todos los omeyas. Aquellos veloces caballos fueron enviados corriendo a casa, muchos con las monturas vacías. Abd al-Rahman fue derribado y muerto, y su ejército cayó en el caos y huyó.

De alguna manera, Carlos Martel había convertido la batalla de Tours en una victoria, y era una victoria que cambiaría la historia mundial para siempre. El hombre que la libró ya tenía mucha experiencia en batalla; de hecho, había pagado su título con sangre.

Carlos Martel

Se suponía que Carlos había heredado su título de su padre, Pipino el Medio, que fue alcalde de palacio antes que él. Carlos consideraba que el título le correspondía por derecho; al fin y al cabo, era el hijo mayor de Pipino. Por desgracia, Carlos Martel resultó tener el mismo enemigo que Cenicienta: una malvada madrastra. Plectrude, la segunda esposa de Pipino, quería hacerse con el poder. Convenció a Pipino para que desheredara a Carlos y nombrara a su nieto,

Teudoaldo, su sucesor. Teudoaldo era entonces un niño, mientras que Carlos tenía ya más de veinte años y demostraba ser un joven capaz. Temiendo que Carlos y sus partidarios la derrocaran, Plectrude hizo encarcelar al joven tras la muerte de Pipino en el 714.

Carlos se negó a languidecer en prisión mientras Plectrude gobernaba como regente de su joven sobrino. Escapando de la prisión, Carlos huyó a otro reino franco, Austrasia. Aquí, encontró un apoyo considerable. Los austrasianos le consideraban el heredero legítimo y eran reacios a ser gobernados por una regencia, por lo que le proporcionaron los hombres y las tropas que necesitaba. Carlos los entrenó personalmente, y tras cuatro largos años de guerra civil y de campaña contra Plectrude (además de conquistar Baviera y Alamania), pudo finalmente reclamar su título de alcalde de palacio.

Su lucha por el título le proporcionó una experiencia inestimable, que le serviría para la llegada de Abd al-Rahman casi veinte años después. Su contundente victoria contra los omeyas detuvo su avance en Europa, devolviéndolos a Oriente Medio, algo que cambiaría la historia para siempre. Sin embargo, esa victoria tuvo un alto precio.

Una de las cosas que Carlos había aprendido durante sus campañas contra las fuerzas de su madrastra era que los reclutas simplemente no eran lo suficientemente buenos. Tradicionalmente, durante este periodo feudal, los gobernantes iban a la guerra principalmente con siervos que habían recibido poco entrenamiento y poseían algunas armaduras y armas rudimentarias. Estos hombres no eran soldados de carrera; eran agricultores, y pasaban más tiempo cultivando la tierra que entrenando con sus armas. Carlos había formado un ejército permanente en Austrasia, un cuerpo de hombres que no se dedicaba a otra cosa que a la guerra, y había demostrado ser la diferencia entre la victoria y la derrota. El suyo fue uno de los pocos ejércitos permanentes a los que se enfrentaron los omeyas en Europa, y quizá por eso la batalla de Tours fue una victoria franca.

Los ejércitos permanentes, sin embargo, eran raros por una razón. Los siervos se ganaban su propio sustento y acudían a las batallas a cambio de una escasa o nula remuneración, pero los soldados necesitaban ser alimentados, alojados y recibir un salario. Para poder permitirse el ejército que había derrotado a los omeyas, Carlos tuvo que recurrir a medidas desesperadas. Comenzó a apoderarse de grandes extensiones de tierra que pertenecían a la Iglesia católica, utilizándolas para generar ingresos en forma de impuestos, dinero que de otro modo habría ido a parar al papado. Aunque la conquista de los omeyas por parte de Carlos pudo haber salvado la difusión del cristianismo católico en esa parte del mundo, el papado estaba profundamente disgustado con él por haber tomado sus tierras. Sus acciones provocaron una terrible ruptura entre los gobernantes de Francia y los papas de Roma.

No obstante, Carlos dejó un poderoso legado, que solo sería ampliado por su hijo y su nieto, que le sucedieron.

Pipino el Breve

Por muy victorioso que fuera Carlos en la guerra, no tuvo suerte en el amor. Eso no quiere decir que tuviera problemas para encontrar esposa. Tras su sensacional huida a Austrasia, Carlos se casó allí con una muchacha, Rotrude de Hesbaye. Sin embargo, solo disfrutaron de seis años de matrimonio juntos antes de que Rotrude muriera. Ella dejó a Carlos cinco hijos, entre ellos dos varones. A uno le puso el nombre de Pipino en honor a su padre, mientras que al otro lo llamó Carlomán.

Tras la muerte de Rotrude en el año 724, Carlos se dirigió de nuevo a Baviera, donde se encontró con otra mujer que podía aliviar su corazón afligido. Su nombre era Swanahild, y era noblemente nacida, una segunda esposa adecuada para el hombre más poderoso de Francia. Ella le daría otro hijo antes de su muerte, cuyo nombre era Grifo.

Tras la batalla de Tours, Carlos gobernó Francia durante nueve años más, hasta su muerte en 741. Tenía alrededor de 55 años (su fecha de nacimiento solo puede adivinarse). En lugar de elegir un único heredero entre sus hijos, Carlos decidió dividir el poder entre los dos hijos que tenía con Rotrude. Dio las tierras más grandes de Neustria a Pipino, mientras que Austrasia fue para Carlomán. Grifo quedó totalmente al margen, hecho que pronto traería problemas a sus dos hermanastros mayores.

Cuando se convirtió en alcalde de palacio junto a Carlomán, Pipino ya había elegido esposa. Su nombre era Bertrada de Laon. Bertrada era una pariente lejana de Pipino, y por esa razón, su matrimonio no fue sancionado por la Iglesia durante varios años. La Iglesia católica seguía estando en contra de Carlos Martel y su familia gracias al trato que el Martillo daba a las tierras de la Iglesia, y el estamento religioso buscaba cualquier oportunidad para desprestigiar el nombre de Carlos, incluyendo su rechazo al matrimonio de Pipino y Bertrada.

Así, sucedió que, un año después de que Pipino se convirtiera en alcalde de palacio, Bertrada dio a luz a un bebé que técnicamente nacería fuera del matrimonio. El niño fue un hijo fuerte y sano, y sus padres le pusieron el nombre de su abuelo. Quizás esperaban que algo de la grandeza de Carlos Martel se contagiara al pequeño Carlos. No sabían que su hijo crecería hasta convertirse en el mayor rey que Francia había conocido.

* * * *

El niño se llamaría con el tiempo Carlomagno, pero de pequeño era conocido simplemente como Carlos. Nacido probablemente en Aquisgrán, Carlos se trasladó poco después con sus padres a la capital, París, donde reinó Pipino y creció el pequeño Carlos. No se sabe mucho de la infancia del niño. Fue educado en la abadía de Saint-Denis por su abad, que parece haber disfrutado enseñando a un alumno tan entusiasta como inteligente. Además de su lengua materna, Carlos aprendió latín y algo de griego, y también sabía leer y escribir. En aquella época, la alfabetización era un privilegio que solo se concedía a los nobles y a los ricos; incluso había reyes que no sabían leer ni escribir. Saber leer y escribir en varios idiomas era un logro digno de mención en aquella época.

Al ser hijo único, Carlos disfrutaba de toda la atención de su madre. Su padre, sin embargo, estaba continuamente distraído. Pipino luchaba con ahínco por defender su poder.

Desde que el padre de Carlos, Pipino el Breve, y su tío, Carlomán, se hicieron con el control de Francia, luchaban constantemente para defender su poder contra su hermanastro despreciado. Apoyado por el pueblo de su madre, los bávaros, Grifo estaba decidido a hacerse con lo que creía que era su parte legítima del poder franco.

Durante los primeros años de la vida de Carlos, su padre hizo campaña contra Grifo. A pesar de que Pipino y Carlomán siempre habían tenido una relación tenue en el mejor de los casos, no tenían más remedio que trabajar juntos si querían mantener su propio poder. Finalmente lograron sitiar al ejército de Grifo y acabaron atravesando sus defensas para arrestarlo. Grifo tuvo suerte de que sus hermanastros no lo mataran. En cambio, se vio obligado a vivir sus días en un monasterio, aislado del mundo exterior e incapaz de volver a ostentar ningún tipo de poder terrenal.

Carlomán acabaría compartiendo el destino de Grifo. Poco a poco, Pipino comenzó a presionar a su hermano, luchando por su visión de una Francia unificada bajo un único gobernante. No está claro por qué Carlomán renunció a su título y a su prestigiosa vida. Es posible que lo hiciera voluntariamente; sin embargo, también es posible que Pipino presionara a Carlomán para que abandonara su título y se convirtiera él mismo en monje en el año 747, cuando el pequeño Carlos solo tenía seis años. El poder de Carlomán quedó en manos de Pipino, y así, el padre de Carlos se convirtió en el único gobernante de toda Francia y en uno de los hombres más poderosos de Europa.

Sin embargo, antes de que Carlomán pudiera ingresar a un monasterio, realizó un movimiento político muy importante. Los alcaldes de palacio tenían el derecho de elegir y nombrar a los reyes de Francia de entre la familia merovingia. Antes de su abdicación, Carlomán había escogido a Childerico III, convirtiéndolo en el rey testaferro del pueblo franco. Esta medida molestó mucho a Pipino. No soportaba tener rivales a su poder, ni siquiera uno que no tuviera capacidad real de influir en el gobierno, y le parecía un sinsentido tener un rey que no hiciera nada.

Pipino quería que Childerico se fuera. Pero muchos de los francos estaban acostumbrados a la idea de los reyes, y nunca habían conocido una época en la que no fueran gobernados por merovingios. Para deshacerse de Childerico, Pipino necesitaría el respaldo de un fuerte aliado. Solo podía pensar en un aliado que tuviera tanto la fuerza para doblegar la voluntad del pueblo franco como la motivación para apoyar a un nuevo rey franco, y ese era el papa romano Zacarías.

La agria relación del papado con los merovingios —y, más recientemente, con Carlos Martel— le había costado un importante aliado, una de las pocas potencias de Europa Occidental que habría tomado las armas para proteger al papa. Grandes extensiones de tierra pertenecían al papado en Italia, y los codiciosos reyes de los alrededores tenían los ojos puestos en esas tierras, deseosos de aumentar sus dominios. Entre ellos destacaban los reyes de los lombardos, una tribu germánica que se había asentado en Italia y se había establecido allí como un poderoso reino.

Pipino sabía que Zacarías estaba desesperado, tal vez incluso lo suficiente como para formar una alianza con el hijo de un hombre que el papado odiaba fervientemente. Decidió dirigirse a Zacarías en forma de carta, que él dictó; Pipino, a diferencia de Carlos, era probablemente analfabeto. Le dijo a Zacarías que consideraba una grave injusticia que un hombre sin poder real ostentara el título de rey de los francos, mientras que la persona que hacía todo el trabajo pesado solo se llamara alcalde de palacio. La intención de Pipino era clara. Quería expulsar a Childerico y convertirse en el rey.

Zacarías se alegró de recibir la carta de Pipino. Vio una magnífica oportunidad de procurarse un aliado que había demostrado su valía en la guerra contra Grifo y que comandaba el ejército que había detenido a los omeyas en su camino. No tardó en responder y pronto se encontró de camino a París.

En 751, Childerico III, el último de los merovingios, fue formalmente depuesto. Zacarías ungió a Pipino como rey de los francos, el primero de una dinastía que más tarde recibiría el nombre de dinastía carolingia, aunque no se llamó así por Pipino, sino por el niño de diez años que vio de reojo la coronación de su padre. Para el pequeño Carlos debió de ser algo embriagador ver cómo se colocaba la brillante corona sobre la cabeza de su padre, sabiendo que era el hijo mayor de Pipino. Algún día, esa corona sería suya. Quizás en ese momento, Carlos conoció, por primera vez, la emoción del poder.

Poco después de la coronación de Pipino, Zacarías regresó a Roma y murió allí ese mismo año. Fue sucedido por el papa Esteban II. Esteban, que había sido un aristócrata romano, se encontró a cargo de un papado profundamente amenazado. El rey lombardo había capturado el Exarcado de Rávena poco antes de que Esteban se convirtiera en papa, y era obvio que el rey estaba ahora poniendo sus ojos en Roma. Esteban dio media vuelta y huyó. Corrió al lugar más seguro que se le ocurrió: París. Pipino lo recibió con los brazos abiertos, dándole asilo, y Esteban, agradecido, lo ungió por segunda vez en 753. La amenaza lombarda seguía creciendo, y Esteban le rogó a Pipino que hiciera algo. Como su poder estaba firmemente cimentado en la propia Francia, Pipino resolvió hacer una campaña contra los lombardos.

Carlos, de doce años, vio partir a su padre al frente del gran ejército profesional que había vencido a los omeyas. Esta vez, Carlos tenía la edad suficiente para comprender el riesgo que corría Pipino. Uno puede imaginar que el sonido de un ejército marchando fue uno que el niño nunca olvidaría. Y cuando Pipino regresó poco después, con los lombardos derrotados y con Esteban instalado una vez más en Roma, Carlos se decidió. Él también sería un glorioso guerrero algún día. Quería ganar grandes batallas, como su padre.

En agradecimiento a las acciones de Pipino, Esteban celebró otra ceremonia de unción para el rey franco. Esta vez, Carlos y su hermano Carlomán (un niño pequeño en ese momento) fueron ungidos también, ya que Pipino estaba ansioso de que los niños se establecieran como los herederos del trono franco. Ser ungido como futuro rey a la edad de doce años debió de ser algo embriagador para el joven Carlos.

En cuanto a Pipino, no solo había defendido las tierras de Esteban, sino que también las había expandido a lo que eventualmente se convertiría en los Estados Pontificios. Esteban estaba eternamente agradecido, y las acciones de Pipino formaron su legado más duradero: la alianza entre los reyes carolingios y Roma. Carlos aún no lo sabía, pero las acciones de Pipino algún día cambiarían su vida.

* * * *

Para cuando Carlos era un adolescente, se le habían unido dos hermanos más. El primero era un hermano llamado Carlomán, nueve años menor que Carlos. La segunda era una hermana pequeña llamada Gisela.

Carlos y Carlomán fueron entrenados en todas las artes nobles de los jóvenes príncipes, teniendo en cuenta que ahora eran herederos de un trono en lugar de un simple título. De hecho, es posible que Carlos tuviera su primer contacto con la batalla en esta época, ya que los hijos adolescentes mayores iban ocasionalmente a la guerra con sus padres en esta época. Desde que subió al trono, Pipino había tenido que hacer frente a rebeliones dispersas por todo su reino, sobre todo del particularmente problemático ducado de Aquitania, y en la última parte de su reinado, estas rebeliones se hicieron cada vez más comunes.

Pipino estaba muy ocupado en mantener su propio reino cuando el desastre golpeó una vez más a Roma. Esteban había muerto en el año 757, dejando su título al papa Pablo I. Un nuevo rey lombardo, Desiderio, subió al trono casi al mismo tiempo. Desiderio era un rey ambicioso y estaba decidido a conseguir lo que su predecesor no había podido: gobernar Roma. Comenzó a marchar hacia los Estados Pontificios, y el papa Pablo le rogó a Pipino que lo ayudara. Pero el padre de Carlos estaba demasiado ocupado luchando para mantener su reino intacto. No podía dar ayuda al papado, por mucho que lo deseara.

Este lamentable estado de cosas continuaría durante toda una década. Mientras el papa Pablo I observaba con temor la marcha de las legiones del ejército de Desiderio, Pipino luchaba por contener a los rebeldes aquitanos, una batalla que finalmente lo llevaría a la tumba. En el año 768, Pipino, de 54 años de edad, regresaba a París tras una nueva campaña en Aquitania cuando murió. No está claro qué causó exactamente su muerte, pero la explicación más probable es que fue herido mortalmente en la batalla. Murió en Saint-Denis, en Neustria, el 24 de septiembre de 768.

Carlos tenía 26 años cuando murió su padre, y Carlomán tenía 17. Al igual que su padre, Pipino era reacio a dejar su reino a un solo heredero. En su lugar, hizo que Carlos y Carlomán fueran cogobernantes de Francia. Y pronto se hizo evidente que, al igual que su padre y su tío, tenían pocos deseos de compartir el trono.

Capítulo 3 - Rivalidad entre hermanos

Sin fuentes fiables que nos hablen de la infancia de Carlos y Carlomán, solo podemos especular sobre cómo era su relación a medida que crecían. En realidad, es posible que no tuvieran mucha relación. La diferencia de edad de nueve años entre los dos niños significaba que no podían jugar juntos como la mayoría de los hermanos, lo que podría haber colocado a Carlomán en el papel del hermano pequeño molesto. Sin embargo, es más probable que nunca hayan pasado tiempo juntos.

Para colmo, parece que sus personalidades no podían ser más diferentes. Carlos era vivaz, imparable, ferozmente intrépido e impulsivo. Soñaba con batallas y reinos, con guerras y esplendor. En cambio, Carlomán era un tipo más tranquilo y amante de los libros, un erudito y filósofo más que un príncipe guerrero. Era lento para actuar y rápido para errar en el lado de la paz, quizás incluso rozando la cobardía, especialmente a los ojos de Carlos.

Muchos consideraron que Carlos era más apto para rey de los dos. Después de todo, era el hermano mayor; incluso había participado en una batalla con Pipino en la campaña que se cobró la vida del viejo rey. Sin embargo, tal vez Pipino consideraba a Carlos más impulsivo que decisivo. Extrañamente, cuando Pipino dividió su reino entre sus hijos —que reinarían como correyes, pero tendrían sus propias tierras y territorios— le dio la mayoría de las tierras a Carlomán. Carlos tuvo que conformarse con una parte mucho menor.

Esto molestó terriblemente a Carlos, y quizás con razón. Tenía 26 años cuando murió su padre, por lo que era mucho mayor, tenía más experiencia y, sin duda, era mucho más capaz de defender el reino que Carlomán. Carlos había ido a la guerra contra Aquitania. Había sido testigo de primera mano de lo espantoso del campo de batalla, de los gritos de los moribundos, de la sangre que corría por la tierra franca. Debió sentir que era muy injusto que Pipino —el padre con el que Carlos había luchado codo con codo contra sus enemigos— dejara la mayoría de sus tierras y su poder a Carlomán, que probablemente había estado a salvo en alguna fortaleza mientras esto sucedía.

Su relación decayó rápida y dramáticamente. De hecho, es posible que el impulsivo Carlos no estuviera lejos de hacer marchar a sus hombres contra su propio hermano, sumiendo así a Francia en una dura guerra civil, cuando algo más llamó su atención: el mismo ducado cuya rebelión había llevado a la muerte de su padre.

La rebelión de Aquitania

Desde los tiempos de Carlos Martel, Aquitania había sido un ducado particularmente problemático para Francia, como lo demuestra la larga y sangrienta lucha de Pipino contra ellos, una lucha que finalmente se cobró su vida. Durante ocho largos años, Pipino luchó constantemente contra el duque de Aquitania, Waiofar. Su amarga disputa fue terriblemente destructiva y no solo en el campo de batalla. Los campesinos de los alrededores, las granjas y las pequeñas y pacíficas ciudades se vieron afectadas por la plaga de la guerra. Es posible que Carlos haya estado al lado de su padre en cada uno de los golpes asestados en la batalla por la supremacía. Sin duda formó parte de esa última y fatídica campaña. Fue en países lejanos donde Carlos reclamaría algún día su título de Carlos el Grande, pero fue en las colinas de Aquitania donde se forjó de príncipe académico a guerrero fino y furioso. Su alta figura se hizo dura y esbelta, sus manos diestras con las armas, y su cuerpo fluyó en unidad con el de un poderoso caballo de caballería.

En el octavo año, con Carlos aún luchando junto a su padre, la interminable lucha parecía por fin llegar a su fin. El pueblo de Gascuña, una zona cercana y aliada de Aquitania, había caído ante Pipino en la batalla. El método de guerra de tierra quemada de Pipino destruyó innumerables ciudades, fortalezas y granjas, dejando a Waiofar sin recursos para luchar contra Pipino, que podía recurrir a los recursos del resto de sus tierras para alimentar a sus ejércitos. El propio Waiofar se mantuvo siempre escurridizo, sin probar el filo de la espada de Carlos por mucho que el príncipe guerrero luchara para ponerlo a raya. Finalmente, fueron sus propios hombres los que se volvieron contra él. Algunos dicen que los mensajeros de Pipino habían convertido a los propios soldados de Waiofar en asesinos, quizás prometiéndoles dinero a cambio de la cabeza de Waiofar. Es posible, sin embargo, que hubiera enemigos más insidiosos —como el miedo, la duda y el hambre— responsables de la traición de los aquitanos. En cualquier caso, la guerra estaba prácticamente terminada cuando se volvieron contra Waiofar y lo mataron. Aquitania y sus aliados se rindieron, y Pipino volvió a casa herido, pero triunfante. No viviría para disfrutar de su victoria, muriendo en su camino de regreso a París.

Cuando Carlos se levantó para ocupar el trono de los francos, los aquitanos se dieron cuenta de que la muerte de Pipino era una oportunidad. Carlos aún no se había hecho tan famoso en la batalla como para asustar a los señores aquitanos; después de todo, aún era un rey novato, joven e inexperto. Apresuradamente, un pariente de Waiofar —posiblemente su hijo— se alzó con el título de duque de Aquitania. Su nombre era Hunaldo II, y así, el conflicto de dos padres se convirtió en el conflicto de dos hijos.

Tan pronto como los disturbios comenzaron a surgir de nuevo en Aquitania en 769, justo un año después de la muerte de Pipino, Carlos estaba listo para saltar a la acción. La hoja de su espada estaba sedienta de venganza. Estaba ansioso por acabar con los aquitanos y vengar la muerte de Pipino, y creía que solo había una manera de lograr su objetivo: la guerra. Sin embargo, después de reunir los ejércitos que tenía a su disposición, Carlos se dio cuenta de que no tenía la misma fuerza de combate que tenía Pipino. La mayoría de los ejércitos de Francia estaban bajo el mando de Carlomán. Por mucho que Carlos odiara a su hermano, lo necesitaba si quería ganar esta guerra, por lo que se vio obligado a humillarse y acudir a Carlomán en busca de ayuda.

A su favor, Carlomán aceptó reunirse con Carlos. Dejó su casa en Borgoña y llevó a algunos hombres a un lugar de encuentro no especificado —posiblemente París— para discutir el asunto de Aquitania con su hermano. Sin embargo, Carlos no quería una discusión. Ya había tomado su decisión: marcharía hacia Aquitania, y Carlomán iría con él. Pero el rey de dieciocho años se negó a ser forzado. No quería tener nada que ver con la guerra que se había llevado a su padre y, llevándose a sus ejércitos, Carlomán dio la vuelta y cabalgó de vuelta a Borgoña.

Mientras tanto, la fuerza de Hunaldo crecía, y la sangre de Carlos subía. Aunque no tenía ni de lejos la fuerza de combate que deseaba, Carlos se negó a quedarse de brazos cruzados mientras Hunaldo reclamaba las tierras que Pipino había luchado tanto por proteger. Tal vez porque Carlomán no había estado en esas batallas, no entendía los sacrificios que Pipino había hecho para obtener algún control sobre Aquitania. Pero Carlos había estado allí. Y aunque su hermano se negara a cabalgar con él, iba a ir a la guerra.

Avanzando hacia Burdeos, Carlos estableció sus hombres allí, construyendo un nuevo fuerte en Fronsac. Su ejército no era tan grande como esperaba, pero estaba decidido a vencer a los aquitanos.

Mientras tanto, a Hunaldo tampoco le iba tan bien como esperaba. Waiofar no había sido derrotado de un solo golpe. Por el contrario, sus numerosos y pequeños aliados —los gascones, la gente de Bourges y otros— se habían desmoronado poco a poco a medida que Pipino los golpeaba sin descanso. Si Hunaldo esperaba luchar contra Carlos, necesitaría aliados. Enviando a sus hombres en incursiones de guerrilla en un intento desesperado por mantener a raya al ejército de Carlos, Hunaldo cabalgó hacia Gascuña en busca de ayuda. Los gascones habían ayudado a los aquitanos en el pasado, y Hunaldo esperaba que lucharan juntos una vez más.

Por desgracia para Hunaldo, el duque Lupus II de Gascuña no estaba tan dispuesto a hacer la guerra al rey franco. Cuando Hunaldo llegó a la corte de Lupus, no encontró ayuda. En cambio, Lupus lo hizo arrestar, atar y arrastrar ante el rey Carlos.

La campaña de Carlos terminó antes de que realmente hubiera comenzado. Puede que Pipino fuera el que realmente sometió a Aquitania y Gascuña, pero fue Carlos quien aceptó su rendición final tras años de lucha. Hunaldo fue entregado a sus pies como lo había sido Siagrio a Clodoveo: un prisionero indefenso. Sin embargo, curiosamente, Carlos no ejecutó a Hunaldo como podría haber hecho. Las ejecuciones de reyes enemigos eran habituales en la época, pero Carlomagno utilizaría una táctica diferente. La era de la caballería estaba cerca, y aunque pocos hombres reales de la Edad Media estarían a la altura de su legendario código, Carlos, en este caso, tuvo piedad. Envió a Hunaldo a vivir sus días en un monasterio en paz, aunque despojado de todas sus ambiciones.

También Lupus se rindió a Francia, y así, Carlos ganó su primera campaña sin apenas dar un solo golpe. Aquitania había caído por fin a los pies de Francia.

Con la rebelión aplastada, era el momento de que Carlos empezara a mirar hacia un área de la realeza que quizás no atraía a su caliente sangre joven de la misma manera que la guerra: la diplomacia. Y en la Edad Media, el matrimonio era una de las formas más importantes de la diplomacia.

El primer amor de Carlos -¿lo fue?

La primera relación romántica de la que se tiene constancia en la vida de Carlos puede no haber sido muy romántica. De hecho, es probable que hubiera poco romance real en la vida de la nobleza de la época. Carlos nunca tuvo la oportunidad de elegir a su propia esposa ni de casarse por amor. En cambio, Pipino eligió esposas tanto para Carlomán como para Carlos antes de su muerte.

Poco se sabe de las mujeres que Pipino eligió para casar a sus hijos, salvo que eran francas y nobles. Probablemente las eligió de familias que reforzaran las alianzas políticas de la corona. En cualquier caso, es posible que Carlos y Carlomán tuvieran poca o ninguna influencia en el asunto, aunque es probable que ninguna a juzgar por lo poco que duró el matrimonio de Carlos.

De hecho, es posible que la relación de Carlos con Himiltrudis ni siquiera fuera un matrimonio. No estamos seguros de si la Iglesia sancionó realmente su unión, pero no está claro por qué no. Podría haber sido una concubina más que una esposa de Carlos, o podría haber estado vinculada solo por *Friedelehe*, una relación germánica mal entendida que parecía haber sido una especie de esponsales o incluso un sustituto de un matrimonio aprobado por la Iglesia.

Sea como fuere, su relación comenzó en 768, el año en que murió Pipino, y ciertamente ella tenía un aspecto adecuado cuando estaba al lado del alto y poderoso Carlos. La guerra lo había endurecido y curtido, y a pesar de sus proporciones algo desgarbadas, era un espectáculo para la vista con su rica cabellera dorada y su poderoso tamaño. Y según sus contemporáneos, Himiltrudis estaba espléndida a su lado. De hecho, un escritor la describió como poseedora de una "majestuosidad sobrecogedora" mientras permanecía adornada con oro junto a su amante real.

Su relación podía ser sin amor, pero no sin hijos. Mientras Carlos luchaba en Aquitania, Himiltrudis trajo al mundo a su primer y único hijo. Los reyes de la época solían poner a sus hijos el nombre de sus padres, lo que significaba que sus hijos eran sus herederos y continuarían su legado. Al igual que Carlos había recibido el nombre de su abuelo, Carlos Martel, llamó a su hijo Pipino en honor a su propio padre. Desgraciadamente, pronto se vio que el niño era muy deforme. Más tarde sería conocido como Pipino el Jorobado.

Aunque Carlos no llegó a casarse con Himiltrudis, Carlomán no perdió el tiempo y se casó con la novia que Pipino había elegido para él, otra noble franca llamada Gerberga. Es probable que Carlomán se casara con ella también en 768, cuando solo tenía diecisiete años. En el lapso de tres años, se convirtieron en padres de dos hijos, el mayor de los cuales también se llamaba Pipino. Puede que Carlomán fuera el más tranquilo de los dos hermanos, pero la elección del nombre para su hijo significaba que no estaba en absoluto dispuesto a renunciar a su corona. Por el contrario, Carlomán estaba convencido de que el joven Pipino sería algún día corey junto al hijo de Carlos del mismo nombre.

Una vez más, tras la derrota de los aquitanos y el nacimiento de los dos jóvenes príncipes, los reyes podrían haber llegado a las manos si no hubiera sido por una nueva misión diplomática. Y esta cambiaría radicalmente la vida de Carlos.

Desiderata, la princesa lombarda

En 756, la muerte del rey Astolfo de los lombardos había precipitado el caos en el reino lombardo. El gobierno de Astolfo había sido ambicioso, como demuestran sus repetidos intentos de reclamar las tierras papales, pero cuando murió, dejó su reino sin un heredero fuerte. La primera pretensión al trono habría recaído en su hermano Ratchis. Sin embargo, Ratchis se había trasladado a Montecarlo y había tomado el hábito de monje. En consecuencia, todos los duques del Reino de Lombardía tenían los ojos puestos en el trono.

Fue el duque de la actual Toscana quien actuó con mayor decisión. Se llamaba Desiderio y reunió un ejército, poniendo sus ojos en el trono de los lombardos. Como el rey Pipino el Breve de los francos seguía ocupado en la lucha contra los aquitanos, el papa Esteban II no tenía dónde huir, y solo podía ver con horror cómo se avecinaba una guerra civil entre los lombardos.

Pero Desiderio tenía otros enemigos a los que enfrentarse. Ante la muerte de Astolfo, Ratchis hizo lo impensable: revocó sus votos y anunció su propia pretensión al trono. Su salto de monje a rey fue visto como un terrible pecado por la Iglesia católica, a cuyos ojos los votos monásticos debían ser vitalicios.

Mientras Italia se tambaleaba al borde de la guerra civil, Desiderio se dio cuenta de que él y el papa Pablo I (sucesor de Esteban en 757) tenían un enemigo común: Ratchis. Ratchis quería el mismo trono que Desiderio, y había despreciado a la Iglesia que ahora representaba Pablo. Dejando a un lado sus ambiciones por los Estados Pontificios, Desiderio se dirigió al papa y le ofreció una tregua y un trato. Entregaría algunas ciudades lombardas al control del papa si Pablo ofrecía a Desiderio su apoyo y lo reconocía como rey de los lombardos. Dispuesto a vengarse de Ratchis, Pablo aceptó rápidamente la oferta de Desiderio. Se forjó una paz incómoda entre el papado y los lombardos, y Ratchis decidió sabiamente huir, dejando el trono libre para Desiderio, que rápidamente tomó el poder y se convirtió en el rey.

La relación entre el papado y los lombardos, por desgracia, no se mantendría tan estable. Desiderio nunca perdió su sed por los Estados Pontificios, y sin otros enemigos importantes que le ocuparan, el papa Pablo I era muy consciente de que el rey lombardo podía invadir en cualquier momento. Por desgracia para Pablo, su único aliado real, Pipino, pasaría el resto de su reinado envuelto en el conflicto con Aquitania. Tras la muerte de Pablo en el 767, Desiderio llegó a interferir en la sucesión papal, coronando a un papa de su elección, que reinó solo brevemente antes de ser rechazado por los romanos.

Solo cuando Carlos subió al trono y Aquitania fue finalmente sometida, el nuevo papa, también llamado Esteban, comenzó a ver un rayo de esperanza contra el viejo enemigo de Roma. Esta vez, sin embargo, la ayuda de Francia no llegó en forma de caballeros acorazados que cabalgaran para rescatar a Esteban III. Llegó en forma de diplomacia, y no fue Carlos quien llevó la misión diplomática a Italia, sino su madre, Bertrada.

No está claro quién inició exactamente las negociaciones de paz entre los francos y los lombardos, si Desiderio o Bertrada. Ambos tenían razones válidas para buscar algo más sólido que la infeliz tregua entre los lombardos y el papado. Desiderio no deseaba enemistarse con Francia, ya que ese había sido el error fatal de Astolfo. Y Bertrada, impresionada por la conquista de Carlos en Aquitania, era consciente de que su hijo no era rival para Desiderio. Después de todo, solo había sido rey durante dos años, y la rebelión en Aquitania ya había sido prácticamente aplastada cuando subió al trono.

Así que la reina madre de los francos y el rey de los lombardos se reunieron en paz, y solidificaron esa paz de la manera más medieval posible: mediante el matrimonio. Desiderio había engendrado al menos cuatro hermosas hijas, y eligió a una de ellas para enviarla a Francia a casarse con un hombre que había sido enemigo de su pueblo. Su nombre es algo discutido. La historia la conoce como Desiderata, lo que puede no ser exacto; algunas fuentes sugieren que "Desiderata" se registró por error y que en realidad se refería al propio Desiderio y que su verdadero nombre era Gerperga. Este nombre, sin embargo, puede haber surgido por la confusión entre la esposa de Carlos y la de Carlomán, que se llamaba Gerberga.

En cualquier caso, la princesa lombarda era probablemente poco más que una adolescente cuando se vio enviada a través de las montañas con la reina madre franca para unirse en matrimonio con un rey desconocido. Solo se puede especular con el miedo que debió sentir la muchacha en su viaje a Francia. Debió escuchar las historias de cómo Pipino había puesto en fuga a los lombardos y había masacrado a su propia gente, y ahora, no tenía otra opción que casarse con su hijo.

El papa no estaba más contento con el matrimonio que Desiderata. Esperaba que Carlos fuera cargando gloriosamente sobre las montañas y derrotara a los lombardos en la batalla, no que se casara con una de sus princesas. Sin embargo, poco podía hacer para evitar que la boda se celebrara, y así, el rey Carlos de Francia se casó con la princesa Desiderata de los lombardos en el año 770. Para ello, tuvo que dejar de lado a Himiltrudis.

Es difícil saber cómo fue realmente el matrimonio de Carlos con Desiderata. No existen registros reales de la naturaleza personal de su relación, pero no es difícil imaginar que no pudo haber mucho amor entre ellos. A Desiderata le podía ir peor que a Carlos —al menos era joven y guapo—, pero ambos habían sido obligados a casarse probablemente en contra de su voluntad. Es posible que ninguno de los dos hubiera visto al otro antes del día de su boda, y probablemente Carlos hubiera sido mucho más feliz cabalgando por Italia y sometiendo a los lombardos con el filo de la espada que casándose con su familia.

En cualquier caso, parece que hubo poca intimidad entre ellos. En su único año de matrimonio, Desiderata no tuvo hijos.

Al borde de la guerra

Es fácil especular que la pérdida de Himiltrudis por parte de Carlos y su matrimonio con Desiderata no hizo más que alimentar su odio hacia Carlomán. Carlomán estaba casado, tenía dos hijos sanos y seguía controlando la mayor parte de Francia, a pesar de que era Carlos quien había tenido que luchar solo contra los aquitanos, que cuyo hijo había nacido con una deformidad y quien se había visto obligado a dejar de lado a su esposa y casarse con una princesa lombarda.

Para el año 770, la relación de Carlos y Carlomán se había agriado dramáticamente. Una vez más, la guerra civil se avecinaba. Con la rebelión aplastada y los lombardos ocupados, Carlos no tenía a nadie contra quien luchar, excepto su hermano. Es posible que Francia hubiera caído en la guerra civil o que Carlomán hubiera sufrido el mismo destino que su malogrado tío del mismo nombre: ser obligado a vivir tranquilamente como monje.

Pero antes de que esto ocurriera, la tragedia golpeó a Carlomán y a su pequeña familia en el año 771. A pesar de tener solo veinte años, Carlomán murió de repente. Según todos los indicios, su muerte se produjo por causas naturales, tal vez una hemorragia catastrófica. Dejó a Gerberga y a sus dos hijos, así como un trono vacío.

El vacío dejado por la muerte de Carlomán fue uno que Carlos estaba muy ansioso por llenar, aunque no fuera suyo por derecho. En los años siguientes, la lucha por el trono de Carlomán engulliría a varias naciones en su agrio vientre, y comenzaría a allanar el camino para el ascenso de Carlos de correy de Francia a emperador del Sacro Imperio.

Capítulo 4 - Al rescate del papa

Ilustración II: Una representación del siglo XV de Carlomagno y el papa Adriano I

La trágica muerte prematura de Carlomán sacudiría los cimientos de varios países, Francia e Italia entre ellos. Sin embargo, nadie se vio tan inesperada y duramente afectado como Gerberga y sus dos hijos pequeños.

Como todo el mundo, Gerberga no había esperado que Carlomán muriera tan pronto, y su muerte destrozó su mundo. Fueran cuales fueran sus sentimientos hacia su marido, él le había proporcionado protección y estabilidad en un mundo en el que las mujeres de la nobleza y sus hijos podían convertirse fácilmente en objetivos. Sabía que Carlos odiaba a Carlomán, pero este había tenido suficiente poder como para que Carlos dudara en atacarlo directamente. Ahora, Carlomán estaba muerto, y la protección de Gerberga contra Carlos había desaparecido.

Si no hubiera sido por Carlos, la vida de Gerberga no habría cambiado mucho tras la muerte de Carlomán. Se habría convertido en regente de su hijo Pipino, que habría ocupado el lugar que le correspondía como rey a su debido tiempo, cuando fuera lo suficientemente mayor. Mientras tanto, Gerberga habría sido una de las mujeres más poderosas del mundo conocido. Pero ella sabía que Carlos no respetaría la legítima sucesión del trono de su hermano. No estaba segura de lo que le haría a ella o a sus dos hijos pequeños (el mayor solo tenía tres años), pero sabía que no sería bueno. Tenía que alejarse de Francia si quería que su hijo fuera rey, o incluso que sobreviviera.

Como Carlos era muy popular en Francia, Gerberga sabía que no serviría de nada intentar encontrar refugio en su país de origen. En cambio solo podía pensar en un aliado lo suficientemente fuerte como para protegerla a ella y a sus hijos de Carlos: Desiderio, el rey de los lombardos. Su tregua con Carlos, a pesar de los esfuerzos de Bertrada, había durado poco. Unos meses antes de la muerte de Carlomán, Carlos había rechazado a Desiderio y a los suyos en todos los niveles imaginables, ya que se había divorciado de la princesa lombarda.

El divorcio de Desiderio

El divorcio, tal como lo conocemos hoy, no existía en la Edad Media. El concepto de poner fin a un matrimonio era totalmente impensable en aquella época; los votos matrimoniales eran realmente vinculantes para toda la vida. Y mientras las personas de baja cuna, como los siervos y los campesinos, podían escapar de la atención de la Iglesia y abandonar a sus cónyuges, la nobleza no tenía esa opción.

En la época de Carlos no existía ninguna forma legal de poner fin a un matrimonio, por muy intolerable que fuera. Sin embargo, se podía poner fin a un matrimonio si se podía demostrar que nunca había sido válido en primer lugar. Este proceso, llamado anulación, era la única forma en que los nobles podían escapar de una unión que ya no podían soportar. Había una gran variedad de razones por las que se podía anular un matrimonio, entre ellas la infidelidad, el matrimonio fraudulento o la consanguinidad, es decir, un parentesco demasiado cercano. Esta era una de las favoritas de la nobleza de la época, ya que la mayoría de los nobles estaban emparentados entre sí de alguna manera, y la Iglesia rechazaba oficialmente los matrimonios entre personas que compartieran algún antepasado en siete generaciones.

Otro motivo de anulación, sin embargo, era la infertilidad. Esto puede parecer extraño, pero en una época en la que producir un heredero viable podía significar la diferencia entre décadas de paz y años de agitación para todo un país, la fertilidad era de vital importancia en los matrimonios nobles. Dar a luz a un heredero era una parte importante de la responsabilidad de toda reina. Y aquí es donde la hija de Desiderio parece haber fallado a Carlos.

Después de un año de matrimonio, Desiderata seguía sin dar a luz a un heredero para Carlos, y este se dirigió al papa Esteban III, pidiendo la anulación del matrimonio. Esteban estaba muy enfermo en ese momento, pero estaba más que feliz de destruir la alianza entre los francos y los lombardos, ya que era una alianza que nunca había aprobado, y que podría haber significado un desastre si los lombardos decidían invadir Roma, como Desiderio amenazaba a menudo. Anuló rápidamente el matrimonio, y Desiderata fue enviada de vuelta a Italia, una reina rechazada, obligada a abandonar el título que nunca había pedido.

Es difícil decir exactamente por qué Carlos quería realmente poner fin a su matrimonio con Desiderata. Tenía una razón válida para preocuparse por la falta de un heredero; con los dos hijos de Carlomán más sanos que nunca, Carlos se sentía presionado para tener un hijo propio que fuera un rey más capaz que Pipino el Jorobado. Sin embargo, apenas se le dio una oportunidad a la pobre Desiderata de demostrar que era una reina fértil, ya que solo llevaba un año casada con Carlos.

Otra posibilidad es que Carlos haya encontrado a otra mujer y se haya dado cuenta de que casarse con ella sería una jugada mucho más inteligente desde el punto de vista político que seguir con Desiderata. Esto parece probable, ya que ni bien había enviado a Desiderata lejos de él, ya se encontraba en una ceremonia de boda. Su nombre era Hildegarda de Anglachgau, y solo tenía unos trece años en ese momento. Sin embargo, casarse con ella le haría ganar a Carlos un aliado que deseaba desesperadamente. El padre de Hildegarda era un poderoso conde que poseía una gran cantidad de tierras en la parte de Francia de Carlomán. Habría sido un enemigo peligroso si se hubiera aliado con Carlomán, pero cuando Carlos se casó con Hildegarda, convirtió al conde en un amigo útil. Quizás el divorcio de Desiderata se hizo explícitamente para casarse con Hildegarda y construir una alianza que pudiera ayudar a Carlos si decidía hacer la guerra a Carlomán después de todo.

Uno puede especular fácilmente que Carlos realmente no podía tolerar vivir con Desiderata. Casarse con ella no había sido su propia idea después de todo. Tal vez su relación simplemente había evolucionado hasta un punto tan desagradable que Carlos ya no podía soportarlo y haría cualquier cosa para escapar de su relación, incluso hasta el punto de dañar su tregua con Desiderio.

Por otro lado, es muy posible que romper la paz con el reino lombardo fuera exactamente lo que Carlos quería. Carlos estaba deseoso de expandir su poder. Ya había conquistado a los antiguos enemigos de Pipino, los aquitanos; puede que estuviera consintiendo hacer lo mismo con los lombardos.

En cualquier caso, el divorcio de Desiderata fue un terrible insulto para Desiderio, destruyendo la poca amistad que había habido entre los francos y los lombardos. El ambiente estaba tan maduro para la guerra como la maleza seca para un incendio forestal. Todo lo que se necesitaba para encenderlo era una pequeña chispa, y esa chispa llegó con la muerte de Carlomán el 4 de diciembre de 771.

Comienza la guerra con los lombardos

La huida de Gerberga a la capital lombarda de Pavía no pudo ser fácil. Solo había dos maneras de llegar a Italia con seguridad: por mar o por tierra. Las rutas marítimas eran, en el mejor de los casos, traicioneras y casi intransitables en invierno; los pasos de montaña habrían sido igualmente peligrosos en pleno invierno. No podía esperar cruzar las montañas en carruaje. En su lugar, habría tenido que ir a caballo, con sus hijos de uno y tres años demasiado pequeños para controlar sus propios ponis.

Es difícil imaginar lo duro que debió ser este viaje para Gerberga. Para empezar, ella misma era poco más que una niña; si se hubiera casado a los trece años, la edad tradicional de las princesas, en ese momento solo habría tenido diecisiete o dieciocho años. El invierno era cruel y el camino era largo. Habría sido un viaje agotador a través de un paisaje gélido y sin amigos para esta joven madre y sus hijos pequeños.

Sin embargo, de alguna manera, Gerberga se las arregló para llegar a la corte de Desiderio, donde fue recibida con cautela. Desiderio la conocía como la cuñada de su principal enemigo ahora que Carlomagno había rechazado a Desiderata, pero también pudo ver una oportunidad en su desesperación. Cuando Gerberga le suplicó protección, Desiderio se dio cuenta de que podía proporcionarle mucho más. De hecho, si pudiera, trataría de convertir a sus dos hijos en reyes de Francia. Reconoció el hecho de que Carlos era un enemigo peligroso. También se dio cuenta de que tener a un rey cliente suyo en el trono de Francia le daría un importante aliado a las puertas de su enemigo. Si lograba colocar al pequeño Pipino en el trono de Francia, podría ser el regente de Pipino, controlando una gran parte del país de Carlos. O, mejor aún, Carlos se vería envuelto en una guerra civil en su propia tierra y dejaría en paz al reino lombardo.

Sin embargo, para que Pipino se convirtiera en rey, el papado tendría que estar de acuerdo con los planes de Desiderio. Y la relación de Desiderio con el papado no había hecho más que decaer desde que se entrometió en sus asuntos tras la muerte de Pablo en 767. Esteban III veía a Desiderio como un grave enemigo. Sin embargo, el rey lombardo era tan astuto como poderoso, y aunque no había sido capaz de determinar el próximo papa, todavía tenía amigos en Roma. Esteban III estaba enfermo y sin compromiso, y Desiderio esperaba que tal vez uno de sus simpatizantes romanos fuera capaz de anular al papa y mostrar a los lombardos algún apoyo. Su objetivo final era que los hijos de Carlomán fueran ungidos como reyes, al igual que el propio Carlomán, así como Carlos, cuando Pipino había puesto en fuga a los lombardos por primera vez en el año 750.

Su plan podría haber funcionado si no fuera por otra muerte inoportuna que acabaría por condenar a Desiderio y todos sus planes. En el 772, poco después de que Gerberga llegara a Pavía con sus hijos, murió el papa Esteban III. Desiderio se apresuró a tratar de intervenir en la sucesión papal una vez más; sin embargo, no tuvo éxito y, para su horror, Esteban fue sustituido por el papa Adriano I. Adriano era tan antilombardo como era posible, y no sentía ninguna simpatía por Desiderio.

Desiderio tuvo que abandonar rápidamente cualquier esperanza de conseguir la unción de Pipino y su hermano menor. En su lugar, dejó sus planes de apoderarse de las tierras francas y se centró en proteger las suyas. Ya en el año 757, cuando Desiderio se había convertido en rey de los lombardos, lo había hecho negociando con el papa de la época, ofreciéndole la entrega de ciertas ciudades a cambio del apoyo papal contra Ratchis. A pesar de su habilidad para negociar, Desiderio nunca entregó esas ciudades a Roma, un hecho que Esteban ignoró convenientemente. Adrián, en cambio, no pensaba hacer la vista gorda. Se enfrentó a Desiderio, exigiendo que el rey lombardo cumpliera su palabra y entregara varias ciudades de Rávena al control papal.

Desiderio no se dejaría intimidar tan fácilmente. Nunca había cedido a las exigencias de los papas. Seguramente, podría conquistar a Adriano como había conquistado a los papas antes que él. Desiderio se negó inmediatamente a entregar las ciudades; en su lugar, decidió que ya era hora de lanzar la invasión que había estado amenazando con comenzar durante décadas. Atacó a los propios Estados Pontificios, y Adriano se encontró acorralado como lo había estado Esteban II en la época de Astolfo.

Al principio, Adriano estaba decidido a manejar a Desiderio por su cuenta. Al fin y al cabo, era el papa, uno de los hombres más poderosos de Europa, y estaba seguro de que podría proteger sus tierras y su pueblo contra un insignificante rey lombardo. Pero pronto se hizo evidente que los ejércitos de Adriano no eran rivales para Desiderio. Ante la amenaza real de perder Roma por completo a manos del rey invasor, Adriano se dio cuenta de que no tenía otra opción. Después de resistir a Desiderio durante varios meses, comenzó a buscar un aliado al que recurrir. Y al igual que los papas anteriores, Adriano vería que su única esperanza era el rey de los francos.

En el 773, el rey Carlos recibió noticias de Roma, y se reunió con los embajadores romanos en Thionville. En ese momento, acababa de regresar de su primera y dura guerra con los sajones (que se analizará en un capítulo posterior). La guerra había demostrado que no solo era un guerrero aguerrido, capaz de reprimir revueltas en su propio reino, sino que también era un rey capaz de someter a naciones enteras. Además, acababa de repudiar a Desiderata, por lo que era evidente que su relación con Desiderio ya no era amistosa.

Aunque Adrián aún no había tenido mucha comunicación con Carlos, sospechaba que el joven rey podría ser un fuerte aliado para la Iglesia. Carlos no solo había conquistado a los sajones, sino que también los había cristianizado, a veces brutalmente. Que siguiera o no los valores de la Iglesia era una cosa, pero estaba claro que su alianza política estaba con la Iglesia católica.

Por estas razones, no fue una sorpresa, aunque debió ser un gran alivio para Adriano, que Carlos respondiera rápidamente, dispuesto a cumplir su papel de protector de Roma, a pesar de que los propios embajadores de Desiderio también habían viajado a Thionville para reunirse con él. Carlos no era amigo de Desiderio. Sin embargo, su apetito por la guerra había sido templado por la experiencia, y esperaba ser capaz de calmar el temperamento de Desiderio sin violencia. Había pocas esperanzas de resolver sus problemas con la diplomacia, así que Carlos decidió probar con el soborno. Ofreció a Desiderio un soborno de una cantidad desconocida de oro a cambio de las ciudades que exigía Adrián.

Sin embargo, Desiderio no se dejó intimidar por un joven rey franco. Tenía un as bajo la manga: Gerberga y sus hijos. Si lograba vencer a Carlos en la batalla y obligar a Adriano a ungir al hijo de Carlomán, Pipino, como rey, podría poner a un rey cliente en el trono de Francia. Desiderio estaba listo para la guerra, y la anterior reticencia de Carlos desapareció. No había nada más que hacer que marchar con un ejército por los Alpes y enfrentarse a Desiderio en la batalla.

El asedio de Pavía

Al acercarse el invierno del 773, Carlos reunió su poderoso ejército permanente y se acercó a los Alpes. Contó con la ayuda de un comandante fuerte y experimentado: su tío Bernardo, hijo del propio Carlos Martel. No pasó mucho tiempo antes de que su invasión se encontrara con una fuerte resistencia. A los pies de los Alpes italianos, Desiderio había dispuesto su ejército, listo para luchar contra los francos.

Carlos se había vuelto más sabio durante sus batallas con los sajones. En lugar de marchar directamente sobre Desiderio como había hecho con los aquitanos, el joven rey comenzó a buscar una debilidad. Encontraría la misma debilidad que uno de los primeros reyes francos hizo cientos de años antes al encontrarse con el intimidante Atila el Huno: Desiderio no había protegido sus flancos. Un ataque furtivo a los flancos del ejército podría resultar devastador, y así, Carlos y Bernardo se separaron y bajaron sigilosamente por la ladera de la montaña escarchada, y luego apretaron al ejército de Desiderio entre los dos y cayeron sobre los flancos lombardos con un salvajismo inesperado.

La batalla fue breve. El ejército lombardo fue devastado, dispersado por la nieve por el poderoso ejército de Carlos, y Desiderio no tuvo más remedio que huir. Con su frontera destrozada, se dio cuenta de que su única esperanza era proteger su capital, Pavía.

Fundada en el año 220 a. C. como asentamiento romano, entonces llamado Ticinum, Pavía tenía ya más de cinco siglos de antigüedad cuando Desiderio regresó a ella con el rabo entre las piernas. Ya había tenido una larga historia acechada por la ignominia. Siempre fue una ciudad poderosa en Italia, incluso había sido la sede de Rómulo Augusto, el último emperador del antiguo Imperio romano de Occidente. Había sido derrotado allí en el 476 d. C., y ahora Desiderio tenía que enfrentarse a la sombría realidad de que su destino podía ser muy parecido. El último emperador de Roma había buscado seguridad en Pavía, y el último rey de los lombardos hacía ahora lo mismo.

Retiró su ejército y su gente a Pavía, Desiderio cerró sus grandes puertas y se atrincheró, preparándose para el asedio que ya era inevitable. Carlos y Bernardo marcharon hacia la ciudad y se tomaron su tiempo para asediarla. No era necesario catapultar grandes rocas contra las murallas ni montar escaleras y garfios hasta sus imponentes almenas; tenían un arma mucho más poderosa que eso: el hambre.

Simplemente impidiendo que nadie saliera de la ciudad, los francos podrían asegurar su victoria.

Bueno, casi todos. Un lombardo escapó de la capital asediada, y fue Adelchis, el hijo único del rey Desiderio y el que fuera cuñado de Carlos. Huyó de Pavía tan rápido como pudo cabalgar, no simplemente por razones de cobardía. Al contrario, tenía una importante misión: debía proteger el único gran activo que podía ser la última esperanza de Desiderio, la familia de Carlomán. Gerberga y sus dos hijos estaban refugiados en Verona, a cien millas del asedio.

Al llegar a Verona, Adelchis se dio cuenta de que la situación de los lombardos era totalmente grave. Estaban rodeados por poderosos francos, y Carlos había demostrado ser más que un rival para Desiderio. Si Adelchis iba a encontrar la manera de vencer a su ex cuñado, iba a necesitar algo más que el hijo del difunto Carlomán y aparente heredero legítimo del trono de Francia. Necesitaría un aliado poderoso, que pudiera enfrentarse tanto a los francos como a los romanos.

La opción más obvia era un viejo enemigo de Roma, el Imperio bizantino, o romano de Oriente. Aunque su escisión del antiguo Imperio romano de Occidente en el año 285 d. C. fue pacífica, una decisión tomada por el emperador Diocleciano cuando se dio cuenta de que el Imperio romano en su conjunto era demasiado grande para ser administrado por un solo emperador, la escisión había resultado en la apertura de una gran brecha entre las dos mitades. Todo en el Imperio bizantino era diferente de sus homólogos romanos, y no menos su religión, ya que eran cristianos ortodoxos orientales en lugar de católicos romanos. El emperador bizantino no tendría reparos en enfrentarse al papa romano.

Pero los esfuerzos de Adelchis resultaron ser demasiado poco y demasiado tarde. Mientras pedía ayuda a los bizantinos y luchaba por reunir un ejército propio, el enemigo de Adelchis le pisaba los talones. Dejando al capaz Bernardo a cargo del asedio de Pavía, Carlos cabalgó tras el joven príncipe, decidido a acabar con todas las esperanzas de Desiderio. Verona cayó rápidamente ante el ataque de Carlos. Adelchis abandonó una vez más la ciudad conquistada, huyendo a Constantinopla, y la pequeña familia de Carlomán se quedó sin ninguna protección frente a su vengativo tío.

Sin embargo, parece que Carlos los despojó de sus títulos y les perdonó la vida. No se sabe exactamente qué pasó con Gerberga y sus dos hijos pequeños, pero no existe constancia de su muerte. Como era costumbre de Carlos, es probable que se vieran obligados a ingresar en una abadía y a vivir su vida en el anonimato, aunque por sus venas corriera sangre de príncipes y reyes.

Una vez que los hijos de Carlomán y Desiderio fueron eliminados, Carlos regresó a Pavía, que seguía sitiada. Permanecería así durante unos diez meses. Esta vez no hubo necesidad de batallas dramáticas. Carlos y Bernardo esperaron tranquilamente a que el hambre hiciera su trabajo. De hecho, el propio Carlos tampoco pasó todo su tiempo en Pavía. Viajó trescientas millas para celebrar la Pascua en Roma en la primavera del 774, donde fue recibido con gratitud por Adriano.

Mientras el verano llegaba en verde abundancia a las faldas de los Alpes, los ciudadanos de Pavía no pudieron experimentar la belleza y la abundancia de la naturaleza. En cambio, se morían de hambre. Desiderio no podía verlos morir por más tiempo. No tuvo más remedio que rendirse, y Carlos arrancó triunfalmente la corona al demacrado rey lombardo. Es posible que Desiderio esperara que se le obligara a pagar tributo a Carlos o a gobernar por debajo de él, pero Carlos no se contentó con obligar a Desiderio a someterse. Por el contrario, quería los títulos de Desiderio para sí mismo. El último rey de los lombardos fue enclaustrado y despojado de sus títulos, y Carlos se hizo coronar como rey de los francos y lombardos. Fue en esta época cuando la gente empezó a llamarle Carlos el Grande o Carolus Magnus, un nombre que con el tiempo se acortaría a su versión moderna de Carlomagno.

Los lombardos restantes estaban divididos sobre lo que podían hacer ahora que Carlomagno los gobernaba. Algunos duques se aliaron sabiamente con Carlomagno y vivieron pacíficamente bajo su reinado; otros no pudieron afrontar la vida bajo los francos y huyeron por las montañas hasta la actual Génova. Otros, sin embargo, esperaron con la esperanza de que Adelchis regresara de Constantinopla. El joven fue bien tratado allí y finalmente consiguió el apoyo militar que deseaba. Años más tarde, en 787, la emperatriz bizantina Irene intentaría cultivar una alianza entre los bizantinos y Carlomagno solicitando la mano de su hija en matrimonio con su hijo. Cuando su oferta fue rechazada, le dio a Adelchis un ejército y lo envió a atacar Italia.

Adelchis regresó por fin para ser la nueva esperanza de su pueblo, pero su esperanza resultaría vana. El duque lombardo de Benevento, Grimoaldo III, se vio más o menos obligado a luchar del lado de Carlomagno y, junto con las fuerzas francas, derrotó con contundencia a Adelchis. La campaña del príncipe lombardo terminó antes de empezar, ya que solo libró una batalla que fue una derrota tan contundente que supuso el fin oficial del reino lombardo para siempre. Se recuperó brevemente unos años más tarde, cuando el propio Grimoaldo intentó deshacerse de los grilletes francos que lo ataban, pero los hijos de Carlomagno lo derrotaron rápidamente.

En cuanto a Adelchis, nadie conoce su destino final. Puede que muriera en el campo de batalla o que huyera una vez más para vivir sus días en Constantinopla, un héroe fracasado sin títulos.

Capítulo 5 - La única derrota

La conquista del reino lombardo puso a Carlomagno al frente de uno de los mayores reinos de Europa. Ya se había establecido como una fuerza a tener en cuenta, pero su apetito de expansión nunca se vio saciado. De hecho, no hizo más que crecer, y con todo tranquilo en el frente italiano, Carlomagno buscaba una nueva dirección en la que expandirse. Ya estaba involucrado en las guerras sajonas en el este; ahora, volvió sus ojos al sur. Y esta tumultuosa parte de Europa estaba lista para ser conquistada.

El estado del sur

Desde su primera conquista en el año 769, el pueblo de Aquitania, completamente sometido, se había mostrado manso y dócil. A ello contribuyó el hecho de que Carlomagno nombrara a varios de sus más poderosos aliados como duques de las zonas circundantes, como Tolosa y Burdeos. Pero mientras Aquitania se comportaba bien, Gascuña era otro asunto.

Lupus II, el duque que tan voluntariamente había traicionado a Hunaldo, lo que había llevado a la conquista de Aquitania en 769, se había sometido rápidamente a Carlomagno. Ahora, sin embargo, se había cansado de someterse a los merodeadores francos. No volvería a sucumbir tan fácilmente.

Aunque Gascuña pertenecía oficialmente a Francia, la realidad era muy diferente. Sus habitantes —en su mayoría miembros de los vascos— se consideraban guerreros independientes que no se dejarían manipular tan fácilmente por un rey franco. Los vascos eran un pueblo antiguo. Perduran hasta el día de hoy como un grupo étnico único, con orígenes misteriosos y una cultura que creció en un aislamiento casi total, lo que les llevó a distinguirse enormemente de los pueblos de su entorno. Nada, desde su lengua hasta su ADN, guarda relación con las tribus circundantes.

Los vascos eran una raza orgullosa, independiente y pagana a finales del siglo VIII, y Carlomagno, con su imperio ordenado y sus políticas de cristianización, estaba decidido a cambiar eso. Estaba ansioso por suprimirlos, pisoteándolos en una carrera fácil hasta los Pirineos, que formaban la frontera sur de Francia con España. Si podía cruzar los Pirineos, podía invadir las tierras que se encontraban aún más al sur. Y estas eran particularmente atractivas para Carlomagno, ya que estaban gobernadas por algunos de los mayores enemigos de la Iglesia católica romana: los musulmanes.

Desde que Carlos Martel se había enfrentado al Califato omeya en el campo de batalla de Tours, casi cincuenta años antes, musulmanes y cristianos habían estado enzarzados en una batalla continua. Carlos Martel había logrado expulsarlos de Francia, pero seguían controlando casi toda la península ibérica. Sin embargo, estos musulmanes no eran todos miembros del Califato omeya. En cambio, muchos de ellos eran abasíes, y no eran amigos de los omeyas.

El gobernador de Hispania —la actual España, incluyendo algunos otros territorios de la península ibérica— era Sulayman al-Arabi, un abasí. Se sentía cada vez más amenazado por el emir de Córdoba, un omeya, y sabía que tenía que encontrar una manera de mantener sus tierras bajo su posesión antes de que las hordas omeyas se apoderaran de ellas. Formando una alianza con otros dos poderosos abasíes — Abu Taur de Huesca y Husayn de Zaragoza— acordó con ellos que debían buscar una alianza con otra potencia. Cualquier potencia, siempre que se opusiera a los omeyas.

A pesar de la sorpresa que debió de suponer para Carlos recibir a los embajadores musulmanes, se mostró ansioso por saber más cuando se dio cuenta de que buscaban una alianza militar. Luchar junto a los abasíes podría ser la oportunidad perfecta para aplastar a Gascuña. Además, Carlos buscaba expandirse en la propia Hispania, haciendo retroceder a los musulmanes, empezando por los omeyas, y haciendo crecer un imperio católico romano cada vez mayor.

En 778, Carlos decidió aceptar la oferta de alianza de al-Arabi. Sabía que se enfrentaría a su enemigo más formidable hasta la fecha si marchaba contra los musulmanes, por lo que reunió el mayor ejército que pudo. Reuniendo a todos los hombres que le sobraban en las enormes filas de su poder, marchó por fin sobre los Pirineos. Enviando a la mitad de su ejército por la parte oriental de las montañas y conduciendo al resto por la parte occidental, cruzó los pasos sin contratiempos, llegando pronto a Hispania con una cálida bienvenida por parte de al-Arabi.

Al-Arabi estaba dispuesto a iniciar la batalla de inmediato. Su primer objetivo fue Zaragoza. Aunque su líder, Husayn, era ostensiblemente un aliado de al-Arabi, el enemigo de Carlomagno le había ganado la partida a la ciudad. El califato omeya había enviado a uno de sus más importantes generales para asegurar Zaragoza: Thalaba Ibn Obeid. Pero parece que Ibn Obeid había subestimado el poder de Husayn. Por la razón que sea, no pudo someter a Zaragoza, y Husayn le puso los grilletes y lo encarceló.

Sin embargo, es probable que Carlomagno y al-Arabi no lo supieran. Marcharon hacia Zaragoza para liberarla de los omeyas, pero la encontraron firmemente bajo el control de Husayn, cuyo ego se había inflado con la reciente captura de Ibn Obeid. Después de haber conquistado a los omeyas él solo, Husayn decidió que no necesitaba ayuda, y menos de un rey cristiano franco con segundas intenciones. Se negó a permitir que Carlomagno y al-Arabi entraran en la ciudad.

Carlomagno estaba enfurecido. Al-Arabi le había prometido que controlar Zaragoza sería un paseo gracias a la participación de Husayn, y ahora, había sido traicionado por sus nuevos aliados. Decidiendo que se había equivocado al aliarse con los abasíes, Carlomagno arrestó a al-Arabi y sitió Zaragoza.

El asedio, sin embargo, duró poco. Husayn era testarudo, y Carlomagno había empezado a darse cuenta de que capturar Hispania, con su desordenada política, no iba a ser tan fácil como había supuesto al principio. Tras un mes de asedio, llegó a una tregua con Husayn, acordando dejar la ciudad en paz a cambio de ciertos prisioneros y una cantidad bastante considerable de oro y tesoros. Husayn aceptó con gratitud, y Carlomagno se dio la vuelta, poniendo la vista en su verdadero objetivo: Gascuña.

Con al-Arabi todavía encadenado con su ejército, Carlomagno se dedicó a someter a los vascos que vivían a ambos lados de los Pirineos. Su objetivo no era tanto capturar los territorios —oficialmente, ya le pertenecían— como quebrar el espíritu de los vascos. Sus soldados tenían permiso para hacer lo que quisieran, y les gustaba destruirlo todo. Se estrellaron contra pueblos llenos de gente inocente, incendiando casas y granjas, llevando a mujeres y niños por las calles, arrasando pueblos enteros. Se llevaron casas, vidas y negocios, que quedaron como cenizas dispersas y cicatrices negras de tierra carbonizada.

Los vascos que quedaban fueron oprimidos implacablemente, maltratados en todos los sentidos por Carlomagno y sus soldados. Fueron maltratados sin remedio y, para colmo, Carlomagno no perdonó a su capital, Pamplona. No destruyó esta ciudad; después de todo, era importante para una economía que ahora tenía que pagarle tributo. En cambio, se limitó a despojarla de sus defensas, dejándola desnuda y vulnerable a cualquier forma de invasión. Hizo derribar sus murallas, el orgullo y la protección de cualquier ciudad medieval.

Pamplona quedó tan desnuda y golpeada como un campesino en el cepo.

Esto resultaría ser un error fatal. Derribar las murallas de Pamplona había sido fácil, pero quebrar el espíritu de su gente resultaría casi imposible. En lugar de volverse sumisos, los vascos se volvieron amargados y furiosos. Su duque estaba decidido a no ceder como lo había hecho casi una década antes. Y aunque los vascos no podían esperar enfrentarse a Carlomagno en una batalla campal, había otra forma de vengarse de él por todo lo que había hecho a su pueblo.

Sus planes se hicieron realidad cuando recibieron la ayuda de un compañero enemigo de Carlomagno, la familia de Sulayman al-Arabi. El ejército de Carlomagno seguía arrastrándolo, como un prisionero, como un animal salvaje cautivo para que las masas lo contemplaran. Estaban decididos a recuperarlo, y los vascos estaban más que dispuestos a ayudar.

Así que, mientras Carlomagno saqueaba donde quiera, en las laderas de los Pirineos se tramaba su única caída.

La batalla del paso de Roncesvalles

En el cálido verano del 778, Carlomagno decidió que su campaña del sur había terminado. Puede que no haya ganado Zaragoza como esperaba, pero los vascos habían sido completamente derrotados, y el gobernador de Hispania estaba con él encadenado. Sajonia le llamaba al oeste para seguir luchado, y más tarde volvería a conquistar Hispania. Era el momento de volver a casa.

Carlomagno comenzó a conducir su vasto y voluminoso ejército de vuelta sobre los Pirineos, esta vez manteniéndolos todos juntos en una masa de hombres y caballos que atropellaba y destruía. El tren de equipaje, en particular, estaba muy lleno de prisioneros y botín. Enormes cantidades de tesoros habían sido cargados en carros tirados por bestias de carga. El ejército de Carlomagno era poderoso, pero también masivo y lento, y se arrastraba por las montañas bajo la pesadez de su poder.

Los vascos, en cambio, eran tan rápidos como las cabras montesas en los pasos rocosos. Armados con lanzas y yendo a pie, conocían el paisaje mejor que nadie, fundiéndose entre las montañas como animales salvajes. Sabían que el lugar perfecto para una emboscada era el estrecho paso de Roncesvalles. Dispuestos entre las rocas y el follaje, armados hasta los dientes y listos para la venganza, ayudados por la familia de Al-Arabi, los vascos esperaron.

Los soldados de Carlomagno, ajenos al pequeño ejército escondido en las rocas a escasos metros de ellos, marchaban alegremente por el paso, tal vez un poco descuidados por la fácil y gratuita destrucción que habían provocado en los vascos. El voluminoso tren de carga iba detrás, cargado de tesoros, prisioneros y provisiones para los soldados. Rodeando y siguiendo el tren de carga se encontraba la retaguardia, una fuerza considerable de algunos de los mejores hombres de Carlomagno, que cubrían la retaguardia del ejército y protegían el tren de carga. La retaguardia de Carlomagno estaba comandada por varios de sus oficiales de más alto rango, entre ellos Roldán, el gobernador militar de la Marca Bretona. Carlomagno confiaba en que serían capaces de proteger a su ejército contra algún ataque imprevisto de la retaguardia.

Su confianza quedó en entredicho, no tanto por la competencia de los comandantes como por el inesperado salvajismo con el que los vascos y sus aliados caerían sobre él.

Escondidos en los alrededores del paso de Roncesvalles, los vascos y los abasíes esperaron, aguardando su momento hasta que la gran masa del ejército de Carlomagno hubiera pasado. Cuando solo el tren de carga y la retaguardia estaban a la vista, se lanzaron al ataque en sus centenares invisibles.

Lo primero que escucharon los comandantes francos de la emboscada fue el sonido de las jabalinas y las flechas silbando en el aire, y luego el golpe mortal cuando los afilados proyectiles se encontraron con la carne humana. Mientras resonaban los gritos, los comandantes francos buscaban frenéticamente a un enemigo invisible. No tuvieron tiempo de organizar una verdadera defensa. Cuando los francos se dieron cuenta de que los soldados vascos y abasíes les estaban atacando, sus enemigos ya estaban bajando de la ladera de la montaña, armados con lanzas, cuchillos y espadas cortas. Los hombres de Carlomagno se vieron rodeados en un momento; la lucha fue rápida, brutal y significativamente unilateral. Todo el entrenamiento que recibieron los comandantes de Carlomagno, muchos de los cuales habrían sido criados pensando en la guerra, resultó no ser rival para el ataque sorpresa que ahora les esperaba. Comenzaron a morir rápidamente.

La batalla del paso de Roncesvalles no fue tanto una lucha como una matanza. Los soldados francos nunca tuvieron una oportunidad, no contra una emboscada tan bien planeada y dirigida por un deseo ardiente de venganza contra todas las maldades que Carlomagno y sus hombres habían cometido contra el pueblo vasco. Todos los miembros de la retaguardia franca murieron. El resto del ejército de Carlomagno salió relativamente ileso; la retaguardia se sacrificó para frenar a los vascos y a los abasíes el tiempo suficiente para que Carlomagno pudiera sacar al resto de sus hombres del paso y llevarlos a terreno abierto, donde nadie se atrevería a enfrentarse a él en una batalla campal.

Aun así, fue una derrota aplastante para los francos. Aunque la retaguardia era una parte comparativamente pequeña del ejército de Carlomagno, en ella se encontraban algunos de sus mejores comandantes, y la muerte de tantos hombres de alto rango provocó cierta agitación en Francia. Para colmo de males, todo el tesoro que Carlomagno había acumulado en esa campaña —incluido el oro que Husayn le había pagado para que dejara en paz a Zaragoza— se lo habían llevado los vascos. Lo peor de todo es que Sulayman al-Arabi había quedado libre. Sus hijos lo habían rescatado, y así, Carlomagno terminó por no conquistar a los gobernantes abasíes de Hispania, sino que se hizo un gran enemigo de ellos. Sin embargo, el propio Sulayman al-Arabi no viviría lo suficiente como para ser enemigo de Carlomagno. Fue asesinado apenas dos años después por el siempre traicionero Husayn de Zaragoza.

La batalla del paso de Roncesvalles pasaría a la historia como la única gran derrota que sufriría Carlomagno. Fue una tragedia en su momento para los francos, especialmente para Carlomagno, pero durante el resto de su largo y belicoso gobierno, el paso de Roncesvalles sería la única vez que bebió el amargo trago de la derrota. Si bien no todas sus batallas terminarían en victorias decisivas, nunca más volvería a probarla.

Desgraciadamente, aunque Carlomagno pudo haber aprendido algo de Roncesvalles, ciertamente no aprendió a tratar mejor a sus súbditos, especialmente a los que eran paganos o practicaban alguna de las otras religiones tradicionales. Su cristianización siempre será legendaria por su brutalidad, y pocos pueblos sufrieron más que los vascos. Los sajones también serían horriblemente oprimidos a lo largo de las tres décadas de guerra que Carlomagno libraría contra ellos.

La batalla del paso de Roncesvalles se convertiría en una leyenda siglos después del final del ilustre gobierno de Carlomagno. En el siglo XI, 300 años después de la batalla, se convirtió en la inspiración de la *Canción de Roldán*, un poema épico escrito por un poeta medieval olvidado, posiblemente Turold. El poema, de impresionantes 4.000 versos, fue muy popular a lo largo de la Baja Edad Media, y sigue siendo la pieza más antigua de la literatura franca que se conserva. Aunque su versión de los hechos no es totalmente histórica —pues glorifica a los francos como héroes trágicos, omitiendo cuidadosamente las brutalidades cometidas contra los vascos, y también incluye espadas mágicas y algunos personajes ficticios—, sigue siendo una obra impresionante y duradera.

En cuanto al propio Carlomagno, no regresó rápidamente al lugar de su única derrota, pero siguió siendo una molestia durante décadas. Sin embargo, con el cambio de siglo, Carlomagno decidió ocuparse por fin de sus asuntos pendientes en los Pirineos. Regresó en una serie de campañas y ganó un cinturón de territorio que se extendía por la parte más septentrional de la actual España. Este cinturón serviría de amortiguador entre la Hispania musulmana y la Francia cristiana, y se conoció como la Marca Hispánica. Estaba compuesta por una serie de pequeños países, poco más que provincias. La mayoría de ellos fueron absorbidos por España o Francia en algún momento de la historia, formando la actual Cataluña, pero uno de estos insignificantes territorios aún perdura como país independiente.

El Principado de Andorra, situado justo en la frontera entre Francia y España, considera que sus raíces se encuentran en el filo de la espada de Carlomagno. Andorra es un pequeño y hermoso lugar, repleto de valles montañosos, y sirve de centro de turismo y comercio, gracias a sus bajos impuestos. Tiene solo la mitad de kilómetros cuadrados que la ciudad de Nueva York, y su población es más o menos la misma que la de la ciudad de Hammond, Indiana (unos 77.000 habitantes).

Los hijos de Hildegarda

Cuando Carlomagno volvió a ganar la Marca Hispánica hacia el año 800, no estaba solo. De hecho, el propio Carlomagno hizo muy poco trabajo en esa campaña; la mayor parte de la lucha real fue realizada por su hijo, Luis el Piadoso. Nacido en el 778 —el mismo año en que su padre sufrió la derrota en Roncesvalles— Luis fue solo uno de los muchos hijos que nacerían de Carlomagno y su novia adolescente, Hildegarda.

Hildegarda resultó ser una novia convenientemente fértil, lo cual fue muy satisfactorio para Carlomagno tras la decepción de Desiderata. Hildegarda solo tenía catorce años cuando tuvo un heredero legítimo en el 772: un hijo llamado Carlos el Joven. A partir de ahí, tendría un hijo cada año durante cuatro años consecutivos. En el 773, tuvo otro hijo, que originalmente se llamó Carlomán.

En 774, Carlomagno e Hildegarda tuvieron su primera hija, Adalheid; nació durante el asedio de Pavía y murió trágicamente en el viaje de regreso a Francia. En el año 775 le seguiría otra hija, que se llamó Rotrude. La pobre Hildegarda tendría entonces una breve pausa de unos pocos años, y no volvería a dar a luz hasta el 778. Para compensar, esta vez tuvo gemelos, ambos varones. Se llamaron Luis y Lothair, pero Lothair murió trágicamente siendo un bebé. El niño que sobrevivió, Luis, se convertiría en uno de los hijos más famosos e importantes de Carlomagno.

Antes de la muerte de Hildegarda, en el año 784, dio a luz a otras tres hijas, todas ellas niñas, llamados Bertha, Gisela e Hildegarde. A su muerte, Hildegarda se había convertido en la reina de uno de los mayores territorios de toda Europa. Fue madre de príncipes, princesas e incluso reyes. Cuando el reino de Carlomagno empezó a crecer hasta convertirse en un imperio, trató de consolidar aún más su poder coronando a sus hijos como reyes por debajo de él. En el año 781, el papa coronó a dos de los hijos de Carlomagno. Luis fue coronado como rey de Aquitania a la tierna edad de tres años, mientras que Carlomán, con ocho años, fue coronado como rey de Italia. En ese momento, Carlomán pasó a llamarse Pipino. Esto fue un claro mensaje de Carlomagno de que consideraba a Pipino como el legítimo heredero de su trono. También podría haber sido un mensaje que decía que ahora consideraba que el hijo de Himiltrudis, Pipino el Jorobado, no era digno de su corona.

La amada de Carlomagno, Hildegarda, resultó ser la reina más perfecta que cualquier rey medieval pudiera esperar. Le acompañó en la mayoría de sus campañas, embarazada y a menudo con niños pequeños, soportando las infelices circunstancias de la guerra, así como miles de kilómetros de incómodos viajes. Habiendo dado a Carlomagno nueve hijos, nunca dio a luz a un mortinato ni sufrió un aborto espontáneo, al menos según los cronistas contemporáneos.

La maternidad no fue la única vocación de Hildegarda. Estuvo muy involucrada con la Iglesia y distribuyó grandes cantidades de su riqueza a iglesias, abadías y monasterios. También existen pruebas que apuntan a que Hildegarda era algo más que una cara bonita. Aunque los contemporáneos elogiaron su belleza, lo que quizá no tenían opción de hacer, teniendo en cuenta que estaba casada con el hombre más poderoso de su parte del mundo, parece que estuvo íntimamente involucrada en la administración de Carlomagno, ayudando en algunas de sus decisiones gubernamentales. Hoy, algunas iglesias la consideran una santa.

En el año 783, Carlomagno sufrió un duro golpe. Hildegarda acababa de dar a luz a su último hijo, una niña que llevaba el nombre de su madre. La niña nació en algún momento del año 782, y esta vez, la fertilidad de Hildegarda resultaría ser su perdición. El joven cuerpo de la reina, que había dado a luz a nueve bebés y solo tenía 25 años, no pudo soportar más. El parto fue traumático, y aunque Hildegarda aguantó con valentía, finalmente no sobrevivió. Murió el último día de abril y fue enterrada el día de mayo en una abadía de Metz, donde se encendieron velas en su tumba todos los días durante años por orden de Carlomagno.

Capítulo 6 - La quema de los lugares sagrados

Ilustración III: Representación de Ary Scheffer del siglo XIX de Carlomagno aceptando la sumisión de Viduquindo en Paderborn

Septiembre de 778 debió ser uno de los momentos más duros de la vida de Carlomagno. Un gélido invierno francés se abatió sobre su ejército, que aún estaba muy lejos de casa, y ya habían recorrido las 500 millas que separan Roncesvalles de Auxerre. Si Carlomagno se dirigía a su sede habitual en Aquisgrán, aún le quedaban 300 millas por recorrer; incluso si se dirigía a París, aún le quedaban 100 millas por recorrer. Debía parecerle un camino muy largo al descorazonado rey franco que acababa de enterrar a muchos de sus mejores comandantes y amigos más cercanos. También acababa de sufrir su primera y única gran derrota.

En Auxerre, Carlomagno comenzó a desmovilizar su gigantesco ejército, y solo podemos imaginar que sus pensamientos estaban puestos en las comodidades del hogar. Había estado gobernando durante diez años y pasó la mayor parte de ellos en guerra activa. Pero sus días de guerra estaban lejos de terminar. De hecho, apenas estaban comenzando, y cuando Carlomagno estaba en Auxerre, se enteró de que su lucha por el año aún no había terminado. Le llegaron noticias del noreste. Los sajones se estaban rebelando de nuevo.

Los sajones

Esta tribu germánica salvaje y belicosa había sido un pueblo prolífico e intimidante durante siglos. Originarios de las costas del mar del Norte de Alemania, los Países Bajos y Dinamarca, habían amenazado a todo tipo de potencias europeas, desde los antiguos romanos hasta los vikingos, y ahora, se estaban convirtiendo en una piedra en el zapato del Imperio carolingio.

Desgraciadamente, se sabe muy poco sobre los sajones y su cultura, y rara vez se ha contado su lado de la historia. Sabemos que se llamaban *sajones* por el arma que elegían: el *seax*, una espada brutal, corta y ágil que a menudo derramaba las tripas de los que se consideraban más civilizados, y además a corta distancia. Hablaban una lengua teutónica que se convertiría en la precursora del inglés. Por desgracia para nosotros, los sajones no escribían. Eran un pueblo analfabeto, y por lo tanto, sus únicas historias contemporáneas que sobreviven son las de sus enemigos.

Los primeros registros de los sajones, al igual que con muchas de estas tribus que no tenían uso de la palabra escrita, pertenecen a los antiguos romanos. Cuando el Imperio romano se expandió por la Galia, los sajones se resistieron enérgicamente y fueron una molestia para los romanos hasta el final del imperio. La Britania (la actual Gran Bretaña) fue un foco de conflicto romano-sajón, ya que los sajones también eran expansionistas. Childerico I, el rey merovingio que luchó contra Atila el Huno junto a los romanos, sería uno de los muchos reyes francos que lucharon contra los sajones. Formó parte de uno de los últimos ejércitos romanos que hicieron la guerra a esta feroz tribu.

Los sajones también practicaban el paganismo, adorando a diversas deidades relacionadas con la tierra y otras partes de su entorno. También existen algunos paralelismos con los dioses nórdicos. Los árboles eran especialmente importantes en su religión, así como los pilares Irminsul, monumentos sagrados para sus dioses. Los sacrificios también eran importantes, incluidos algunos casos de sacrificios humanos. Esta antigua religión estaba muy separada del cristianismo, que se extendía por todo el mundo, y afectaba a todos los aspectos de la cultura sajona.

Para la creciente Iglesia católica romana, la presencia de una sociedad pagana tan grande era prácticamente inexcusable. Se llevaron a cabo amplios esfuerzos para convertir a los sajones, algunos de ellos en forma de misiones pacíficas, otros en opresivos combates.

La misión de Bonifacio fue uno de los primeros pasos hacia la cristianización de Sajonia. A principios del siglo VIII, un noble del reino cristiano sajón de Wessex llamado Wynfrith se dirigió al papa romano, decidido a realizar una peligrosa incursión en el corazón del país sajón. El papa dio su bendición a Wynfrith, cambiando su nombre por el de Bonifacio.

Bonifacio era ya muy mayor cuando llegó a Sajonia, pero su edad avanzada no pudo reprimir su celo religioso. Se le describía como un hombre brusco, sin tacto y malhumorado a veces, y ávido con su hacha; taló numerosos árboles sagrados sajones. Sin embargo, Bonifacio y sus seguidores no llevaban armas.

Construyendo iglesias allá donde iba, Bonifacio bautizó a muchos sajones, pero el cristianismo no llegó a consolidarse. Un grupo de sajones paganos cayó sobre él y sus compañeros en lo profundo de Sajonia en el año 754. No está claro si eran simples bandidos o si buscaban destruir este cambio en su forma de vida. En cualquier caso, el resultado fue el mismo. Todos los clérigos desarmados fueron asesinados.

Como resultado, cuando comenzó el gobierno de Carlomagno, los sajones seguían siendo en gran parte paganos. Seguían siendo los opuestos de los francos amantes de Roma, con sus reyes alfabetizados y sus formas ordenadas. Para empeorar las cosas, la frontera entre Francia y Sajonia no estaba bien definida, y a menudo atravesaba campo abierto sin que la población local pudiera saber qué tierras pertenecían a los sajones y cuáles a los francos. Esto provocó crímenes y disturbios en la zona, ya que las tribus enemigas se asesinaban entre sí y saboteaban las propiedades.

Estaba claro que los sajones eran un problema al que Carlomagno tendría que enfrentarse tarde o temprano. Y lo hizo a la primera oportunidad.

Comienzan las guerras sajonas

En los primeros años de su gobierno, Carlomagno estuvo muy ocupado con los problemas internos de los francos. La supresión de la rebelión de los aquitanos fue su primer asunto, y rápidamente le siguieron sus furtivos intentos de deshacerse de Carlomán.

Sin embargo, a los cuatro años de su reinado, en el 772, las cosas se estabilizaron para el joven rey. Carlomán había muerto, los aquitanos estaban completamente reprimidos y, sin embargo, el apetito de Carlomagno por la guerra y la violencia apenas se estaba calentando. El siguiente paso lógico era dirigirse a su frontera más problemática, la de Sajonia.

Reuniendo un poderoso ejército, Carlomagno no perdió tiempo en marchar hacia el noreste de Sajonia. Los sajones eran guerreros por derecho propio, pero tenían pocas posibilidades contra el ejército organizado de Carlomagno. Pocos podían enfrentarse a él en una batalla campal; los sajones, al parecer, no tenían ninguna esperanza. Carlomagno los acribilló, quemó sus ciudades, taló sus aldeas y finalmente llegó a uno de sus lugares más preciados: un pilar de Irminsul. Estos grandes pilares de madera eran el centro de la fe sajona. Su nombre significaba "pilar del mundo", y estaba relacionado con Yggdrasil, el "árbol del mundo" que anclaba y conectaba todos los mundos de la creencia sajona. Quitar ese pilar de Irminsul era cortar una gran piedra angular de la cultura sajona. Y eso fue exactamente lo que hizo Carlomagno cuando se topó con uno de esos pilares cerca de Paderborn, el hogar de los engrianos, a quienes sometió con el filo de la espada. Ya eran un pueblo derrotado cuando Carlomagno derribó su pilar. Y aunque muchos se bautizaron en el cristianismo, hay que considerar que muy pocos lo hicieron por voluntad propia. Tal vez algunos, habiendo visto caer a su Irminsul, se aferraron a la nueva esperanza que se les ofrecía, pero muchos habían visto morir a sus compañeros sajones al filo de las espadas francas y sabían que no tenían otra opción real.

La campaña de Carlomagno iba bien, y probablemente podría haber avanzado aún más en Sajonia si no fuera porque Roma lo necesitaba. En el 774, recibió noticias del asediado papa Adriano y se dirigió a luchar contra Desiderio de los lombardos, dejando a Sajonia a su suerte.

Con el gran rey fuera del camino, los sajones fueron finalmente libres de vengarse, y lo hicieron con una violencia desesperada. Los sajones atacaron todo tipo de asentamientos y guarniciones francas. Incluso la iglesia de Fritzlar, que había sido construida décadas antes bajo la supervisión del propio Bonifacio, se vio amenazada; sin embargo, según los cronistas, se salvó milagrosamente de los incendios. Muchos otros edificios no tuvieron tanta suerte. Los francos fueron asesinados, sus propiedades saqueadas y los sajones sintieron que por fin recuperaban lo que Carlomagno había robado.

Un combate especialmente brutal tuvo lugar cuando un grupo de sajones se disfrazó de soldados francos. Se colaron en las filas francas mientras sus enemigos estaban de patrulla y entraron en el campamento franco. En cuanto los hombres bajaron la guardia, los sajones se volvieron contra ellos y se vengaron. Los francos fueron tomados completamente desprevenidos. Muchos de ellos murieron antes de que los sajones escaparan.

Carlomagno, recién llegado de someter a los lombardos en 774, se apresuró como nunca a tomar represalias contra los sajones rebeldes. Acudió al rescate de los francos, y ahora que él mismo estaba al frente de su ejército, este tuvo mucho más éxito contra los sajones. Los rebeldes fueron expulsados del territorio que los francos habían reclamado. Sin embargo, estaba claro que la guerra de 772/73 no había sido suficiente para someter a los sajones rebeldes. Carlomagno tendría que formalizar su poder.

Poco sabía él que la lucha por absorber a Sajonia en su territorio estaba a veinte años de terminar.

Una guerra de religiones

En el año 777, a pocos kilómetros de los restos en los que se había erigido una columna de Irminsul, Carlomagno convocó una gran asamblea en Paderborn. Esta se encontraba en lo más profundo del territorio sajón que el rey había reclamado, y exigió la presencia de los líderes sajones, aparentemente por razones diplomáticas, pero en realidad, estaba claro que Carlomagno estaba ansioso por mostrar su poder. Quería que el pueblo supiera que incluso sus mayores líderes debían estar a su disposición.

Y la gran mayoría de ellos lo estaban. Ya habían soportado cinco años de violencia, y estaban listos para la paz en su tierra, incluso a costa de la libertad. La mayoría de los gobernantes sajones se sometieron rápidamente a Carlomagno en Paderborn. Uno, sin embargo, estuvo totalmente ausente, un poderoso líder llamado Viduquindo. Poco se sabe realmente de la vida de este sajón, pero era un hábil comandante militar y una fuerza a tener en cuenta en la sociedad sajona, y como tal, su rebelión no era una causa menor de preocupación. Sin embargo, no se le pudo encontrar a lo largo y ancho de Sajonia. Había huido a los vikingos, refugiándose con el rey Sigfred de Dinamarca, que aparentemente era su suegro.

En ese momento, Carlomagno no se preocupó mucho por Viduquindo, actitud que resultaría ser un error. Pero para Carlomagno, ¿qué era un líder tribal rebelde ahora que todo el país estaba de rodillas ante él? Contento de que la asamblea de Paderborn lo hubiera establecido firmemente como gobernante supremo de los sajones, partió una vez más, esta vez hacia la desastrosa campaña de Hispania.

Así pues, el desconsolado Carlomagno, afligido por los amigos y compañeros que habían muerto en el paso de Roncesvalles y desmontando su ejército a medida que se acercaba el invierno, se disgustó al enterarse de que los sajones habían vuelto a organizar una rebelión. Y esta vez, habían caído sobre los francos con un odio especialmente profundo que igualaba con creces la brutalidad con la que habían sido tratados los sajones. Esta vez, su odio se dirigía no solo al pueblo que había invadido su país, sino también a la religión que pregonaban. Los sajones se ensañaron con las orillas del Rin, masacrando a todo lo que encontraban a su paso, quemando iglesias e incluso abusando sexualmente de las monjas, un acto totalmente impensable para la mente cristiana.

Carlomagno se indignó de inmediato. A pesar de que el invierno se acercaba y su ejército estaba agotado por la dura derrota y la larga marcha a casa, no podía permitir que los sajones siguieran causando estragos en su pueblo y su cultura. El grueso del ejército ya se había dispersado de vuelta a casa, pero la propia guardia de Carlomagno seguía con él. Este poderoso regimiento consistía probablemente en una fuerte caballería que podía desplazarse con rapidez y que también tenía una enorme fuerza, los precursores de los caballeros que surgirían más tarde en la Edad Media. Se les conocía como los *scara*, y estaban siempre dispuestos a cumplir las órdenes del rey.

Aunque el propio Carlomagno se quedaría en Francia, los *scara* cabalgaron tan rápido como sus caballos les permitían hasta la frontera de Sajonia. Una vez llegados a la tierra de los "bárbaros", los *scara* cayeron sobre los sajones con rápida brutalidad. A pesar de su número relativamente pequeño, los francos lograron poner fin a la desbandada sajona. Sería la única victoria real de Carlomagno en el año 778.

Sin embargo, debió de ser una buena, porque el año 779 supuso el principio del fin de los sajones. Los *scara* habían causado tantos estragos a los sajones en las batallas que empezaban a darse cuenta de que luchar contra Carlomagno sería un esfuerzo insensato. Cuando Carlomagno regresó a Sajonia ese año, tribus de todo el país fueron a verlo, buscando darle su sumisión y pidiendo ser bautizados y que se les permitiera vivir en paz. Una vez más, es posible que algunos de ellos decidieran realmente convertirse al cristianismo, pero no es difícil suponer que la mayoría de ellos estaban simplemente motivados por el miedo. Si se sometían a Carlomagno y abandonaban su religión, al menos se les permitiría vivir en algo parecido a la paz. Algunas de estas tribus ni siquiera se habían reunido antes con Carlomagno; solo habían oído hablar de lo que había hecho a sus compatriotas y decidieron elegir la rendición antes que la guerra.

Después de esto, parece que Carlomagno volvió a decidir que los problemas en Sajonia habían llegado a su fin. En los años 780 y 781 se ocupó de los asuntos francos y viajó a Roma para que Pipino y Luis el Piadoso fueran coronados como reyes de Italia y Aquitania. (Carlos el Joven sería nombrado rey de los francos en el 800). Solo volvería a centrar su atención en Sajonia en el 782. Esta vez, lo haría de forma más pacífica. Al fin y al cabo, los sajones llevaban varios años de paz, sin atreverse a mostrar resistencia a los francos después de la violencia que habían sufrido a manos de los *scara* en el 778.

Carlomagno decidió que era el momento de celebrar otra asamblea y comprobar sus relaciones con los líderes sajones. Tal vez esta vez, incluso Viduquindo se pondría a tono. Estas esperanzas, sin embargo, fueron infundadas. Muchos líderes sajones se sometieron, pero Viduquindo no apareció, y al cabalgar por la campiña sajona, Carlomagno pudo ver que el pueblo en general no estaba tan sometido como sus líderes. Había pequeños grupos de rebeldes sajones por todas partes, sin duda esperando que Viduquindo regresara de Dinamarca con un impresionante ejército vikingo y derrocara a este arrogante franco de una vez por todas. De hecho, había rumores en Sajonia de que Viduquindo ya había regresado y estaba convocando un ejército para enfrentarse a Carlomagno.

Sin embargo, aún no había motivos para que Carlomagno librara batallas contra ellos. Eso fue hasta el año 782, un año en el que Carlomagno mostraría su lado más oscuro.

Más allá de Sajonia, había más tribus germánicas que seguían viviendo en libertad, y estas se rebelaban constantemente a lo largo de la nueva frontera sajona de Carlomagno. Estas rebeliones, sin embargo, eran pequeñas y fácilmente aplastadas por los nobles de Carlomagno sin su participación personal. Uno de esos nobles era el conde Teodorico, jefe de una pequeña parte del ejército de Carlomagno que incluía a numerosos nobles que no solo eran funcionarios de alto rango, sino también compañeros cercanos del propio Carlomagno. Aun así, eran hombres de guerra, y tanto ellos como Carlomagno no pensaron en nada cuando les pidió que salieran a cabalgar contra una de esas tribus rebeldes y las reprimieran.

De camino a la frontera, el conde Teodorico se encontró con un enemigo diferente al que esperaba. Viduquindo realmente estaba de vuelta en Sajonia, y estaba causando problemas dondequiera que fuera. Últimamente, había agitado a un grupo de sajones que antes se habían sometido a Carlomagno. Encontraron a Teodorico mientras cabalgaba alegremente hacia la guerra. Los relatos difieren en cuanto a lo que sucedió exactamente. Algunos dicen que los sajones cayeron sobre Teodorico en un ataque sorpresa similar a la emboscada del paso de Roncesvalles. Otros dicen que Teodorico se encontró con los rebeldes, quizás durante una escaramuza menor, y comenzó a hacer planes para salir contra ellos. Sin embargo, antes de que pudiera hacerlo, algunos de los señores menores a su servicio decidieron que lo harían ellos mismos. Se resistieron a perder toda la gloria de la batalla ante el propio Teodorico y decidieron que se ganarían algún honor. En lugar de ello, no encontraron más que muerte y derrota a manos de los sajones.

Al atacar contra los sajones en desorden y sin su comandante más capaz, los hombres de Teodorico se encontraron rodeados, superados en número y asesinados por miles. Aquel día fue un campo de batalla sangriento; incluso el propio conde Teodorico, quizás como parte de la embestida o quizás en un intento de rescatar a sus hombres en peligro, fue asesinado. Fue una horrible derrota para los francos a manos de Viduquindo, y una vez más, fue un golpe demoledor para Carlomagno.

Solo cuatro años después de la punzante tragedia que había sido Roncesvalles, Carlomagno se enfrentó de nuevo al dolor, la pérdida y la humillación por la muerte de tantos de sus nobles y amigos. Se enfureció por el hecho de que esta chusma bárbara hubiera sido capaz de arrebatarle tanto. Al fin y al cabo, era la Edad Media; la desigualdad formaba parte de la vida allí, y la idea de que algunas vidas eran infinitamente más valiosas que otras regía todos los aspectos de la sociedad. Para Carlomagno, la muerte del conde Teodorico era peor que la pérdida de mil soldados ordinarios. Y estaba muy claro que los francos ya consideraban a los sajones como inferiores.

Antes de que Carlomagno pudiera convocar a sus hombres y cabalgar contra los sajones, su propio pueblo se adelantó para resolver el problema. Aterrados de que la ira de Carlomagno contra Viduquindo tuviera repercusiones devastadoras para su propio pueblo pacífico, muchos de los sajones que se habían aliado con Carlomagno se encargaron de identificar y capturar a los rebeldes. Llevaron a miles de rebeldes a Verden, donde esperarían el juicio de Carlomagno.

La siguiente acción del rey es casi inconcebible por el alcance de su violencia y la destrucción sin sentido de vidas humanas. Tal vez se pueda intentar ahondar en la psicología de esta decisión. A los reyes medievales no se les enseñaba a manejar las emociones; el dolor era una parte cotidiana de su experiencia y, como hombres, se esperaba que mantuvieran la compostura y no permitieran que ese dolor se manifestara. Pero Roncesvalles había golpeado profundamente a Carlomagno, mucho más que una simple humillación. Nunca se le permitió procesar las profundas pérdidas personales que había sufrido ese día. En cambio, se habían enconado como un absceso en su alma, y ese absceso había estallado con la muerte de Teodorico. Abrumado por la rabia impotente y el duelo indescriptible, Carlomagno recurrió a la violencia.

Tal vez este movimiento podría ser considerado como político. Los sajones habían sido una molestia para Carlomagno durante diez años. Hacer un ejemplo de estos rebeldes podría poner fin a años de guerra y, en última instancia, permitirle buscar mayores territorios para conquistar.

Sin embargo, es imposible justificar lo que Carlomagno hizo a continuación, y mucho menos entenderlo. El rey reaccionó con una violencia indescriptible que apenas puede comprenderse, que rivaliza con muchos de los momentos más sangrientos de la historia y que habla poderosamente de los peligros del poder absoluto. Enfrentado a miles de rebeldes sajones, desarmados y atados, Carlomagno decidió que solo había una manera de enfrentarse a ellos. Los mataría a todos, y no solo los mataría, sino que los decapitaría cruelmente. A todos ellos, en un solo día.

Cuatro mil quinientos hombres murieron ese día, creando una escena de carnicería que es casi imposible de imaginar, y mucho menos de describir. El ruido de las hachas y las espadas cortando las cabezas humanas de sus hombros debió de llenar el aire. La cantidad de sangre debió de ser casi impensable, brotando, corriendo, acumulándose, empapando la tierra, una mancha en la memoria de ese lugar para siempre. Miles de soldados francos fueron empleados para llevar a cabo la oscura hazaña. Es difícil imaginar los gritos, las súplicas de clemencia, el horror en los corazones de los que esperaban la muerte mientras veían cómo sus compatriotas eran descuartizados como ovejas de una manera espantosa y desprovista de cualquier apariencia de dignidad.

El alcance de la espantosa masacre de Carlomagno es tan amplio y la logística tan complicada (¿cómo se mata a 4.500 personas, una por una, en un solo día?), que muchos historiadores discuten si llegó a suceder realmente. Gracias al analfabetismo sajón, el único relato contemporáneo se encuentra en los anales reales francos, que pueden haber empleado cierto grado de hipérbole para hacer que Carlomagno parezca más terrible y glorioso. Sin embargo, existen pocas razones para dudar de que el trato de Carlomagno a los sajones fuera intensamente brutal. En el año 782, eran un pueblo destrozado y derrotado.

El propio Viduquindo, sin embargo, no formaba parte del ejército muerto en Verden. Había escapado una vez más, huyendo de nuevo con sus aliados vikingos.

Décadas de guerra

Si la esperanza de Carlomagno era terminar las guerras sajonas con la masacre de Verden, entonces había derramado la sangre de 4.500 personas en vano. Las guerras sajonas estaban muy lejos de terminar, gracias en parte a la supervivencia de Viduquindo.

Tras cometer esta atrocidad impensable —que roza el genocidio— contra el pueblo sajón, el siguiente paso de Carlomagno fue consolidar su poder de una manera más ordenada. Había sembrado el terror en los corazones de los sajones; ahora tenía que mostrarles lo que significaba vivir bajo un rey franco. Se sentó a redactar un conjunto de leyes que dictarían la nueva forma de vida de los sajones, incluyendo restricciones a la religión que podían practicar. En resumen, cualquier forma de paganismo se castigaba con la muerte, aunque un transgresor convenientemente arrepentido podía ser perdonado por un sacerdote. Los sajones no tenían ninguna opción. O mejor dicho, tenían una imposible: podían mantener las tradiciones cristianas o morir.

Sin embargo, en las zonas seculares, los sajones podían mantener sus leyes tradicionales. Los francos se caracterizaban por no interferir demasiado en las infracciones seculares cotidianas de sus pueblos sometidos, permitiéndoles mantener sus antiguas leyes siempre que se convirtieran al cristianismo.

Sin embargo, en aquella época, la ley y la religión estaban casi inextricablemente unidas. Despojar a los sajones de su propio sistema de creencias suponía un cambio fundamental en toda su cultura y forma de vida, que la mayoría de ellos no había elegido voluntariamente. Los estallidos de rebeliones esporádicas continuaron en toda Sajonia.

Sin embargo, durante el año 783, Carlomagno estaba demasiado ocupado para lanzar otra campaña contra ellos. Este fue un año de más pérdidas y tragedias personales para él. Fue el año en que perdió a la mujer que había sido un pilar de su vida actual y garantía del futuro de su dinastía: Hildegarda. Para colmo, ese mismo año también murió su madre. Bertrada había sido más que la madre de Carlomagno; había sido una importante consejera, aunque no oficial, para él. Las dos mujeres más importantes de su vida las perdió en un año. Y como había perdido a muchos de sus aliados más cercanos en Roncesvalles y en Sajonia, Carlomagno se sentía perdido.

Sin embargo, se apresuró a volver a casarse, a pesar de que Hildegarda le había dado numerosos herederos viables. Es poco probable que el rápido nuevo matrimonio de Carlomagno haya sido un movimiento para asegurar el futuro del gobierno de su familia. En cambio, luchaba por consolidar su poder en el presente. La mujer con la que se casó es poco conocida por la historia, pero sabemos que se llamaba Fastrada y que procedía de Francia Oriental. Esta boda fue sin duda un movimiento político. Aunque los cronistas atestiguan que él y Fastrada tenían un vínculo emocional, una alianza con una poderosa familia de la Francia Oriental reforzaría la guerra de Carlomagno con Sajonia. Fastrada le daría dos hijas durante su matrimonio, Theodrada e Hiltrude, ambas convertidas en abadesas.

Carlomagno no pudo perder mucho tiempo en reponerse de las últimas pérdidas sufridas, pues tuvo que volver a Sajonia para poner fin a las continuas rebeliones que allí se producían. Partió contra los sajones en el año 784 y, por primera vez, le acompañó uno de sus hijos en esta campaña. Carlos el Joven solo tenía doce años, pero la sociedad medieval ya lo consideraba un hombre. Los príncipes medievales debían alcanzar la madurez con rapidez, y ya era hora de que demostrara ser un digno sucesor del rey guerrero que lo había engendrado.

La campaña a la que se unió Carlos resultó ser larga y difícil. Viduquindo estaba de vuelta en Sajonia, luchando con uñas y dientes junto a su renovada banda de rebeldes. Los francos tuvieron que esforzarse mucho para reprimir las numerosas y pequeñas llamas de la revuelta que parpadeaban por todo el país. Viduquindo estaba probablemente en inferioridad numérica y de recursos, pero era un excelente estratega, y mantuvo a los comandantes carolingios en vilo. La rebelión de Viduquindo era tan poderosa que Carlomagno no vería su casa en todo el año. En su lugar, tomó una decisión arriesgada y permaneció en Sajonia durante todo el invierno, enviando a sus hombres a luchar bajo el frío y la nieve. Fue un bautismo de fuego para el joven Carlos. Su armadura ya pesaba sobre sus jóvenes hombros, y ahora tenía que lidiar con ella también en el frío glacial.

La dura decisión de Carlomagno dio sus frutos. Poco a poco, los francos fueron reduciendo la resistencia sajona hasta que incluso su líder no pudo seguir luchando. En 785, Viduquindo finalmente cayó. Se rindió y suplicó a Carlomagno que le prometiera que no le harían daño si se entregaba. Carlomagno dio su palabra solemne, y

Viduquindo, valientemente, considerando lo que Carlomagno había hecho con sus últimos prisioneros, se presentó ante él.

Tal vez los gritos de Verden todavía resonaban en los oídos de Carlomagno, y tal vez había algún tipo de arrepentimiento en su corazón por lo que había hecho. En lugar de dañar a Viduquindo, Carlomagno cumplió su promesa. El líder rebelde fue bautizado en el cristianismo, y a partir de ahí, desaparece de la historia. Es posible especular que él también haya terminado enclaustrado en algún monasterio olvidado, viviendo su vida en paz, pero no en libertad.

Tal sería el destino de la propia Sajonia. Aunque Viduquindo fue conquistado en el año 785, pasarían casi veinte años antes de que se declarasen terminadas las guerras sajonas, aunque la escala de violencia se redujo mucho en comparación con la primera década de guerra. Algo de esperanza llegó a los sajones en el año 793, cuando Dinamarca decidió involucrarse y los vikingos empezaron a asaltar a los francos; sin embargo, estas fuerzas fueron derrotadas tan contundentemente que los refugiados sajones ya no pudieron entrar en Dinamarca en el año 798. Fue el principio del fin para los sajones, y la última rebelión tuvo lugar en 804. A partir de entonces, Sajonia pasó a pertenecer oficialmente a Carlomagno. Se había convertido en una pieza más de su reino, un reino que ahora había crecido en algo aún más grande. Algo que, para cuando las guerras sajonas terminaran, se convertiría en un imperio.

Capítulo 7 - Más conquistas

Ilustración IV: Un busto dorado de Carlomagno

La conquista de Sajonia aún no era suficiente para el creciente apetito de este gobernante expansionista. De hecho, incluso mientras seguía librando las guerras sajonas, Carlomagno ya buscaba otros territorios para conquistar.

A medida que sus hijos crecían hasta alcanzar la madurez en la Edad Media, Carlomagno contaba con su apoyo para expandir sus tierras. Luis, rey de Aquitania, fue enviado a hacer campaña en el sur, donde acabó ganando la mayor parte de España. Pipino hacía campaña en las fronteras de Italia, mientras que Carlos el Joven luchaba con su padre en Sajonia. El imperio de Carlomagno comenzó a expandirse en todas las direcciones, causando la devastación de los pueblos circundantes. Pero primero había que conquistar dentro de la propia Francia.

La incruenta conquista bávara

El duque Tasilón III de Baviera había sido el rival de Carlomagno desde que era un niño.

Su padre, el duque Odilón de Baviera, había sido durante mucho tiempo amigo del padre de Carlos, Pipino el Breve. Más que eso, Odilón era de la familia. Se había casado con la hermana de Pipino (la hija de Carlos Martel), formando una poderosa alianza entre los duques de Baviera y los intendentes del palacio franco. Cuando Pipino se convirtió en rey, la alianza seguía manteniéndose firme.

Sin embargo, el poder y las alianzas en la Edad Media eran siempre tenues en el mejor de los casos, ya que siempre estaban a un solo noble muerto de desmoronarse, y las cosas se desmoronaron en el 748, el mismo año en que nació Carlomagno. Tasilón, el hijo de Odilón, tenía entonces solo siete años. Quedó huérfano y solo, y Pipino se apresuró a acoger al niño en su casa y criarlo como pupilo de la realeza franca. Aunque la compasión familiar puede haber jugado algún papel en la decisión de Pipino, sin duda también vio una oportunidad. Al criar al legítimo duque de Baviera, Pipino tenía un as bajo la manga por si la propia Baviera se le escapaba de las manos.

Esto fue exactamente lo que ocurrió nueve años después, cuando Grifo, el hermano ilegítimo de Pipino, intentó apoderarse de Baviera. Tasilón, de dieciséis años, se vio abruptamente empujado a su papel de duque de Baviera, y Pipino destituyó a Grifo, colocando a Tasilón en el trono. El muchacho había sido criado como si fuera un hijo de Pipino, por lo que no fue difícil convertirlo en vasallo de Pipino, asegurando así Baviera como territorio de Pipino.

Tasilón parece haber estado bastante satisfecho con este acuerdo, que era bastante habitual en la época. Se casó con una de las hijas de Desiderio, formando una fuerte alianza con los lombardos, y también tuvo una relación bastante buena con el papa.

Las cosas se complicaron para Tasilón en el año 763, cuando ya era un hombre adulto y Pipino estaba en guerra con Aquitania. El rey franco llamó a Tasilón para que le ayudara, pero este tenía alianzas con algunos nobles aquitanos que estaban en revuelta. No estaba dispuesto a ir a la guerra contra ellos y declinó acudir en ayuda de Pipino, a pesar de que, siendo vasallo de este, ya había jurado fidelidad al rey hacía muchos años. Abandonando a Pipino a su suerte, Tasilón puede haber contribuido indirectamente a causar la muerte del rey cinco años después.

Esto obviamente complicó la relación de Tasilón con Carlomagno. Los dos gobernantes habían crecido juntos en el palacio, y al igual que Carlomán debió sentirse siempre unos pasos por detrás de su hermano mayor, Carlomagno habría crecido resentido con Tasilón. El joven siempre estuvo mucho más adelantado en su educación como gobernante y guerrero que Carlomagno, simplemente porque era siete años mayor. Es de imaginar que esto irritaba el incipiente ego de Carlomagno. Después de todo, era el príncipe heredero de Francia; ¿por qué debía sentirse tan inferior a un simple duque?

Por lo tanto, es probable que entre Carlomagno y Tasilón se estuviera gestando una rivalidad que Carlomagno no olvidaría ni siquiera después de haber demostrado ser el mayor rey que Francia había visto jamás. Además, Carlomagno había perdido a Pipino el

Breve cuando todavía era un joven, y el recuerdo de la trágica muerte temprana de su padre todavía le picaba. En su dolor, es posible que buscara a alguien a quien culpar, y Tasilón era un chivo expiatorio disponible. Quizá si el duque bávaro hubiera acudido en ayuda de Pipino —el hombre que había criado a Tasilón y le había dado poder y un título— cuando el antiguo rey se lo pidió, el padre de Carlomagno habría vivido para luchar un día más.

De cualquier manera, Carlomagno claramente quería a Tasilón fuera, y también quería Baviera para él. Para hacerse con el ducado legalmente, tendría que conseguir ayuda, y esa ayuda tendría que venir del papa Adriano. Solo Adriano podía declarar a Tasilón como no apto para gobernar, permitiendo así a Carlomagno hacerse con Baviera sin fuerza y sin dañar el territorio que quería reclamar para sí.

Por suerte para Carlomagno, el papa no era amigo de Tasilón. Su relación con Tasilón había sido bastante buena, pero Tasilón no había sido tan rápido como Carlomagno para repudiar a su esposa lombarda. Por ello, cuando Adriano necesitó ayuda contra los merodeadores lombardos, Tasilón no respondió.

En el año 788, cuando las cosas se calmaron en el frente sajón, Carlomagno decidió que había llegado el momento de enfrentarse a su antiguo rival. Acudió al papa en busca de ayuda, y Adriano no tardó en declarar a Tasilón infractor por no haber apoyado a Pipino en la campaña de Aquitania. Tasilón era, por tanto, incapaz de gobernar. Se le retiraron sus títulos y se le envió a un monasterio, la solución favorita de Carlomagno para la nobleza problemática. Todos los derechos de Tasilón sobre Baviera fueron entregados formalmente a Carlomagno en 794, y el ducado fue dividido en pequeños condados y pasó a formar parte de Francia.

La caída del Gran Anillo

A medida que Sajonia era asimilada al creciente imperio de Carlomagno, los francos se encontraron en contacto con más y más tribus "bárbaras" a medida que sus fronteras se alejaban. Una de estas tribus, y quizás una de las más formidables, fueron los ávaros.

Esta tribu nómada asiática, formada por pueblos muy diversos, llevaba siglos gobernando las estepas de Asia y Europa oriental. Tras la caída de Atila y el fin del Imperio húnico, los ávaros no tardaron en ocupar el vacío de poder que dejó Atila, y rápidamente demostraron ser dignos de ser su sucesor. Al igual que los hunos, eran hábiles jinetes que utilizaban sistemáticamente los estribos mucho antes que sus vecinos, una ventaja considerable, ya que tener estribos en las monturas de sus veloces caballos de guerra les permitía una mayor estabilidad y velocidad. Así, podían disparar flechas desde el lomo de los caballos al galope con inmensa precisión. También fueron uno de los primeros pueblos en utilizar el fundíbulo, que se convertiría en una parte importante de la guerra de asedio en la Europa medieval.

En el año 626, los ávaros eran lo suficientemente poderosos como para sitiar Constantinopla. Construyeron una fortaleza realmente impresionante conocida como el Gran Anillo de los Ávaros, posiblemente situada en la actual Austria, al este de Baviera. El anillo estaba formado por varios círculos concéntricos de fortificaciones de madera, con arqueros y otros guerreros entre los círculos. Era una fortaleza formidable, y los ávaros gobernaban poderosamente desde ella, construyendo un gran imperio.

El imperio de los ávaros, como muchos otros de su clase, duró poco. Las disputas internas mermaron su poder y, a finales del siglo VIII, se estaba desmoronando. Sin embargo, los ávaros no renunciaron a expandir sus tierras que se derrumbaban. En el año 788 se volvieron contra Baviera y Friuli y lanzaron una invasión destructiva.

Carlomagno acababa de reclamar Baviera ese mismo año, pero los problemas en Sajonia le obligaron a dejar que sus nuevas tierras languidecieran en manos de los ávaros durante dos largos años. Hasta el año 790 no pudo finalmente contraatacar a estos feroces nómadas. Junto con su hijo, Pipino Carlomán, y un poderoso comandante conocido como el duque Eric de Friuli, Carlomagno atacó a los ávaros.

Pipino y Eric trabajaron juntos para atacar el Gran Anillo, y a pesar de sus impresionantes fortificaciones, cayó ante el poderío del ejército franco. Atravesando el corazón del Anillo, Pipino y Eric descubrieron una rica recompensa por sus esfuerzos. Los ávaros llevaban siglos recogiendo botín, incluso de los territorios francos que habían perdido tan recientemente, y el anillo central del Gran Anillo estaba absolutamente repleto de oro. Carlomagno ya había regresado a su sede favorita en Aquisgrán, pero Pipino le envió con orgullo una cantidad asombrosa de oro y tesoros robados a los ávaros.

El Gran Anillo no permanecería mucho tiempo en posesión de los francos. Finalmente cayó de nuevo en manos de los ávaros, pero los días del Imperio ávaro estaban contados. En el año 795, los tuduns, o gobernantes, se dieron cuenta de que estaban librando una batalla perdida que solo costaría a su pueblo dinero y sangre. Viajaron para reunirse con Carlomagno y se entregaron como sus vasallos, ofreciéndole su rendición y permitiéndole ser bautizados en la Iglesia católica romana.

En el proceso de bautizar a los tuduns, Carlomagno seleccionó a uno de ellos para que se convirtiera en un nuevo gobernante, otorgándole el título de jagán, un nombre antiguo para un gobernante ávaro. El jagán Abraham, que había recibido su nuevo nombre de Carlomagno, fue enviado a gobernar a los ávaros como vasallos del rey franco. Así, el Imperio ávaro terminó oficialmente en el año 796.

Sin embargo, la confianza entre los ávaros y los francos siguió siendo muy tenue. Carlomagno no tardó en perder la confianza en el jagán Abraham y dirigió un asalto personal al Gran Anillo de los ávaros. La fortaleza cayó ante él por última vez, señalando el fin de los ávaros en su conjunto.

Más tarde, en torno al año 799, se produjo una pequeña rebelión, en la que algunos ávaros se reunieron contra los francos y salieron en busca de su libertad. A los ávaros, que añoraban su antigua forma de vida, les debió parecer una idea noble, pero fue una idea mal concebida. Carlomagno envió un ejército bávaro contra ellos. Los ávaros fueron derrotados, la confederación de tribus ávaras llegó a su fin e incluso la propia raza ávara acabó mezclándose con los francos y se extinguió.

La derrota de los eslavos

El trato que dio Carlomagno a las tribus que rodeaban su imperio fue deplorable, ya que a menudo provocó el fin de razas enteras. Los eslavos, sin embargo, fueron una de las tribus que nunca logró erradicar. Aunque los eslavos eran analfabetos y sus orígenes estaban envueltos en el misterio, su idioma es la raíz de muchas lenguas influyentes que todavía se hablan hoy en día, como el ruso y el polaco.

Pero en el siglo VIII, los eslavos no eran nadie en particular, especialmente para el mundo "civilizado". Incluso los antiguos romanos apenas los habían documentado, desechándolos como una tribu más de bárbaros que había que subyugar. Por esta razón, sabemos muy poco sobre los primeros eslavos. Es posible que fueran nómadas y que se originaran en la actual Polonia o en la República Checa. En cualquier caso, eran definitivamente paganos a los ojos de Carlomagno. Eran politeístas y adoraban a muchos dioses que tenían similitudes con la fe de los vikingos, incluido un dios gobernante del trueno e importantes dioses del amor y la fertilidad. Sin embargo, mientras que los dioses nórdicos tenían una forma más o menos humana, los eslavos tenían muchas cabezas, hasta cuatro en el caso de su dios de la guerra.

En la época del imperio de Carlomagno, los eslavos habían sustituido a los hunos en los Balcanes. Tenían algunas alianzas con los ávaros —y similitudes con ellos—, pero actuaban como un pueblo independiente, a menudo fracturado en su acercamiento a los francos. Aun así, controlaban vastas extensiones de territorio, y no había nada que Carlomagno deseara más que nuevas tierras.

En el año 789, a pesar de que todavía estaba ocupado conquistando a los sajones, Carlomagno ya había reclutado a un gran número de ellos en su ejército. La belicosa raza que tuvo que pasar treinta años conquistando resultó ser tan valiosa en su ejército como lo había sido la lucha destructiva contra él. Deseoso de probar sus nuevos soldados en alguna tribu desprevenida, Carlomagno decidió que los eslavos eran el siguiente paso lógico.

Haciendo marchar a los sajones hacia territorio eslavo, Carlomagno cruzó el Rin y se adentró en tierras extranjeras que estaba decidido a poseer. Los eslavos se encontraron con las brillantes filas del impresionante ejército de Carlomagno, y sabiamente ofrecieron poca o ninguna resistencia, capitulando rápidamente ante el poder de Carlomagno. Este recorrió el territorio eslavo hasta las orillas del Báltico. Y en todos los lugares que pisó, decidió que la tierra le pertenecía.

Curiosamente, aunque los eslavos eran paganos, Carlomagno fue mucho más suave con ellos que con los sajones. Su violenta cristianización de Sajonia no se repitió aquí en los territorios eslavos. Tal vez el derramamiento de sangre de Verden le hizo arrepentirse, o tal vez simplemente vio que ese nivel de violencia había causado más problemas en Sajonia al final de lo que valía. En cualquier caso, existen pocos indicios de que Carlomagno tratara con especial brutalidad a los eslavos. En cambio, cuando se sometieron a él, simplemente exigió el derecho a enviar misioneros a sus tierras y ordenó que esos misioneros, que solían ser personas pacíficas y desarmadas, salieran ilesos.

Sin embargo, la conquista de los eslavos no se limitó a la obtención de más tierras y poder. Los propios eslavos se convertirían en fuertes aliados que apoyaron a Carlomagno con fidelidad y coraje mientras continuaba su expansión.

Por supuesto, no todos los eslavos se rindieron a Carlomagno sin luchar. Dividió el nuevo territorio en ducados, como había hecho con la mayoría de sus tierras, y uno de ellos, Litoral, se llenó de rebeldes que se negaron a doblar la rodilla ante este rey extranjero. Sin embargo, su rebelión resultó ser un fracaso, ya que su propio pueblo se volvió contra ellos y luchó del lado de Carlomagno. Los eslavos de Panonia y Dalmacia se unieron a Carlomagno para luchar contra los de Litoral, situada en la actual Croacia.

Aun así, los eslavos de Litoral fueron capaces de causar mucho dolor y problemas a los francos, aunque su rebelión fue finalmente condenada. Durante el largo y espantoso asedio de Trsat en el año 799, murió Eric de Friuli, el duque que había demostrado ser uno de los comandantes más hábiles de Carlomagno. Fue una pérdida terrible para Carlomagno, tanto en lo personal como en lo que respecta a su imperio; el experimentado Eric había sido un estratega inestimable, así como un consejero útil para el joven Pipino Carlomán.

La extensión del imperio carolingio

A principios del año 800, Carlomagno gobernaba un territorio realmente vasto que se extendía desde España hasta Escandinavia, desde el canal de la Mancha hasta el mar Báltico. Había conquistado a una gran variedad de pueblos, desde los eslavos hasta los sajones, desde los ávaros hasta los aquitanos, y desde los vascos hasta los omeyas.

Su dominio se extendía por trece países actuales: Austria, Croacia, Bélgica, Eslovenia, Liechtenstein, Francia, España, Suiza, Andorra, Países Bajos, Italia, Luxemburgo y la República Checa. La unidad de este vasto reino era inédita desde los tiempos del Imperio romano de Occidente. De hecho, se considera que el imperio de Carlomagno fue el martillo y la fragua que convirtió el metal brillante de una parte del mundo dispersa e inculta en el acero frío y afilado en el que se convertiría Europa en los siglos siguientes.

La forja de este poderoso dominio le valdría más tarde a Carlomagno otro título: Padre de Europa. Además, fue el primero en pregonar la idea de la Cristiandad, de un vasto conjunto de tierras cristianas unidas en su religión. Se puede argumentar que su visión nunca se hizo realidad. Sin embargo, Carlomagno estaba lleno de grandes ideales, que perdurarían en la Edad Media posterior. La dinámica de poder y espiritualidad que introdujo Carlomagno a través de sus fuertes lazos con el papa, incluso cuando unificó vastas extensiones de tierra, daría lugar a gran parte de la cultura medieval, incluyendo, posiblemente, las Cruzadas.

Carlomagno ya no era solo un rey. El "rey de los francos y lombardos" se había convertido en algo más grande, ya que las tierras que controlaba se convirtieron en algo mucho más que un simple reino. Con los reyes inclinándose a sus pies para rendirle homenaje, Carlomagno se había convertido en algo que Europa Occidental no había visto desde la caída del Imperio romano de Occidente en el siglo V.

Carlomagno se había convertido en un emperador. Y solo sería cuestión de tiempo antes de que ese título le fuera otorgado oficialmente por el único hombre que tenía ese tipo de poder: el mismísimo papa católico romano.

Capítulo 8 - El surgimiento de un imperio

Ilustración V: cuadro de Jean-Victor Schnetz sobre Carlomagno y Alcuino de York, realizado en 1830. Actualmente se encuentra en el Louvre

A finales del siglo VIII, Carlomagno se había convertido en uno de los personajes más poderosos de Europa. Había unificado un territorio realmente vasto y gobernado una vasta población de muchos pueblos diversos. Aunque había dado muestras de una gran brutalidad en sus conquistas, también había demostrado ser un administrador capaz, además de un hábil guerrero.

De hecho, el territorio de Carlomagno ya no era un simple reino. Se extendía por muchos reinos, y podría llamarse fácilmente un imperio. Pero para ello, Carlomagno debía convertirse en emperador.

La necesidad romana de un emperador

La ayuda de Carlomagno al papa Adriano I contra los lombardos en 774 había sido el comienzo de más de dos décadas de paz y prosperidad en Roma. Con el mayor rey de Europa como guardaespaldas de su reinado, Adriano tenía muy poco que temer. Nadie se atrevería a invadir sus tierras, no con Carlomagno respaldándolo. Además, el flujo constante de ingresos en manos de Carlomagno a menudo se desviaba a las arcas de la Iglesia católica romana. Era un muy buen momento para ser el papa.

Sin embargo, sería un error considerar a Adriano como el perro faldero de Carlomagno. Aunque el papa necesitaba la protección de Carlomagno en el plano militar, seguía manteniendo una mentalidad ferozmente independiente, y demostró ser un excelente político. Empleando una diplomacia pacífica y estableciendo cuidadosas alianzas, Adriano fue capaz de expandir en gran medida los Estados Pontificios. Y mientras Carlomagno protegía a Roma, Adriano desempeñó un papel no menor en la protección del incipiente imperio de Carlomagno. Se esforzó por mantener relaciones pacíficas con el Imperio bizantino, apoyando su posición sobre la iconoclasia cuando asistió personalmente al Concilio de Nicea en el año 787.

La relación de Adriano con Carlomagno estuvo a menudo teñida de rivalidad. No siempre estaba contento con la amplia influencia de Carlomagno sobre las tierras italianas, y podían surgir tensiones entre ellos cuando se trataba de asuntos romanos. Sin embargo, su relación personal con Carlomagno era estrecha. Puede que no tuviera la fuerza militar de Carlomagno, pero tenía más sabiduría y experiencia que el rey, y durante veinte años, Carlomagno apreció su amistad.

Esa edad de oro para Roma llegó a su fin en el año 795. Adriano, cuya fecha de nacimiento se desconoce, pero que ya era bastante mayor, falleció por causas naturales en el invierno de ese año. Cuando la noticia llegó a Carlomagno, que en ese momento dirigía una campaña contra los ávaros, se entristeció profundamente. De hecho, compuso al dictado un largo y poético epitafio a Adriano, que puede verse hoy en el Vaticano. El epitafio es un testimonio de la estrecha relación de Carlomagno con el papa; en él, incluso se refiere a él como "padre". Quizá no sea excesivo decir que Adriano actuó realmente como una figura paterna en la vida de Carlomagno, teniendo en cuenta que los dos hombres se hicieron amigos seis años después de que Carlomagno perdiera a Pipino el Breve.

Sin embargo, no todos los romanos compartían el mismo amor que tenía Adriano por Carlomagno. Temiendo que el rey intentara interferir en la sucesión papal como había hecho Desiderio, los romanos se apresuraron a elegir un nuevo papa. De hecho, el mismo día que murió Adriano, el cardenal-sacerdote de Santa Susana fue consagrado como papa León III.

León no era tan independiente como Adriano. Consciente de la relación entre Adriano y Carlomagno, y deseoso de no enemistarse con el poderoso rey guerrero, envió un enviado a Aquisgrán con el estandarte de la ciudad y las llaves de la confesión de San Pedro. De manera indirecta y simbólica, León enviaba a Carlomagno un mensaje que decía que veía al rey como protector de Roma. Carlomagno, a pesar de estar profundamente afligido por Adriano, estaba dispuesto a entablar amistad con León. Envió a León una carta en la que le felicitaba por su reciente ascenso a papa, junto con una gran cantidad de tesoros que acababan de ser incautados del Gran Anillo de los Ávaros.

Con el apoyo de Carlomagno, León sentía que tenía poco que temer, y durante cuatro años, esto resultó ser cierto. Sin embargo, se gestaron problemas en Roma. La elección de León había sido ostensiblemente unánime, pero no era el único candidato papal. Un miembro de la familia de Adriano también había sido considerado, y tenía muchos partidarios. Estos se volvieron más y más inquietos con León a cargo de Roma. Y con Carlomagno ocupado en aplastar una rebelión de los ávaros en el 799, decidieron que había poco que el gobernante franco pudiera hacer para detenerlos.

En la primavera de 799, León formó parte de una procesión ritual con motivo de la celebración de las Grandes Letanías. Se dirigió a la Puerta Flaminia de Roma con toda su pompa y esplendor, mientras una multitud de romanos lo rodeaba. Llevaba varios años como papa y se acomodaba felizmente a su papel, invencible bajo la protección de Carlomagno. O al menos eso creía él.

Sin previo aviso, un grupo de hombres armados irrumpió entre la multitud y se abalanzó sobre el papa sin armas. León no tuvo ninguna oportunidad. Le agarraron y le tiraron al suelo, y cayeron sobre él con una violencia brutal, con sus manos rascando y arañando su cara. Su objetivo no era matarlo, sino simplemente mutilarlo, incapacitarlo para ser papa. Le arañaron los ojos y la boca, esperando sacarle los ojos y arrancarle la lengua. Los partidarios de León fueron lamentablemente inadecuados. Hicieron poco por salvarle, y aunque sus atacantes no tuvieron éxito en sus intentos, León se quedó solo y sangrando en la calle durante algún tiempo.

Al anochecer, el papa inconsciente y herido seguía tirado en la calle. Sus partidarios acudieron entonces a recogerlo y lo llevaron a un monasterio cercano, donde se recuperó.

Tras recuperar sus fuerzas, León se dio cuenta de que sus protectores dentro de la propia Roma no podían hacer nada para mantenerlo a salvo de su oposición. Fue un reflejo automático recurrir al hombre que había sido el ángel guardián de Roma durante décadas: Carlomagno. Junto con un grupo de simpatizantes romanos,

León se apresuró a cruzar los Alpes ese verano, uniéndose a Carlomagno en Paderborn.

Por supuesto, Carlomagno se apresuró a ayudar a León, aunque no podía viajar personalmente a Roma en ese momento. Envió a un enviado con León para devolverle al lugar que le correspondía en el Vaticano, y lo devolvieron a Roma sin ser molestado, y luego fueron a buscar a los que lo habían atacado para encarcelarlos. Fueron arrojados a un calabozo para esperar un juicio al año siguiente, cuando el propio Carlomagno pudiera ocuparse del asunto.

Una coronación navideña

Cuando llegó el año siguiente, Carlomagno había arreglado sus asuntos para poder viajar de nuevo a Roma, visitándola quizá por primera vez desde la muerte de Adriano. Presidió el juicio de los acusados que habían atacado a León. A su vez, estos presentaron cargos de adulterio y perjurio contra León. No pudieron aportar ninguna prueba de la culpabilidad de León, pero el papa seguía desesperado por demostrar su valía a los ojos del pueblo, y por ello, prestó un largo juramento de inocencia a Carlomagno. Esto fue algo humillante, pero funcionó. Los acusados fueron condenados a muerte, y León se ganó el corazón de los romanos cuando pidió que fueran exiliados en lugar de asesinados. Carlomagno aceptó y León pudo volver a ocupar su lugar como papa sin oposición.

Sin embargo, León había sido sacudido por estos acontecimientos, tanto emocional como políticamente. Sus enemigos habían sido eliminados, pero no estaba seguro de que los romanos tuvieran mucha fe en él. Carecía de la amistad personal que Adrián había disfrutado con Carlomagno, y necesitaba hacer algo para cimentar las relaciones franco-romanas. Así que ideó un plan, uno que probablemente no contó con la participación de Carlomagno, pero que cambiaría su vida y el curso de la historia para siempre.

Carlomagno había decidido permanecer en Roma durante el invierno, celebrando la Navidad en el esplendor de San Pedro. La misa de Navidad en Roma en la Edad Media era siempre un espectáculo maravilloso, lleno de ceremonia y celebración. San Pedro estaba repleto de gente, muchos de ellos los dignatarios más importantes de Europa, pero ninguno era más importante que Carlomagno.

El biógrafo de Carlomagno, Einhard, que escribió extensamente sobre la vida del gobernante entre 817 y 830, afirmó que, a pesar del tremendo poder de Carlomagno, rara vez se permitía engalanarse. Por lo general, llevaba una camisa de lino, una túnica de seda y una capa de piel de nutria como cualquier noble franco ordinario; solo en raras ocasiones se ponía el traje ceremonial más elaborado. Sin embargo, cuando lo hacía era un espectáculo majestuoso. Su elevada estatura de 1,80 metros sería alta hoy en día; en el siglo IX, cuando el hombre adulto medio medía solo 1,50 metros, era tremendo. El día de Navidad, Carlomagno iba ataviado con un manto azul que cubría su todavía poderosa figura, sujeto por una gigantesca hebilla dorada. Sus ropas estaban cubiertas de ricos bordados, las joyas brillaban en sus dedos y en su garganta, y la empuñadura de su espada era de un metal caro que brillaba con piedras preciosas.

Era un espectáculo impresionante cuando se acercaba al altar. Décadas de guerra le habían provocado una ligera cojera, y el pelo que se enroscaba ricamente alrededor de su cabeza se estaba volviendo blanco, pero seguía exudando poder y carisma. Arrodillado en oración ante el altar ricamente decorado, el rey inclinó la cabeza.

Los historiadores debaten hoy si era consciente de lo que iba a ocurrir. Einhard dice que la siguiente acción de León fue una completa sorpresa para Carlomagno, aunque otros sostienen que al menos debió sospechar que León tenía algún plan en marcha. En cualquier caso, fue un momento espléndido, poco ortodoxo y que hizo historia. León se acercó por detrás del rey arrodillado y con la cabeza descubierta. Agarrando una corona brillantemente decorada, el papa gritó: «A Carlos, el piadosísimo Augusto, coronado por Dios, el gran emperador que da la paz, vida y victoria». Repitió estas palabras dos veces, y resonaron por todo San Pedro mientras bajaba la gran corona sobre la blanca cabeza de Carlomagno.

Antes de que Carlomagno pudiera levantarse, León cayó de rodillas y comenzó a ungir los pies de Carlomagno con aceite. Los clérigos presentes comenzaron a recitar la letanía de la coronación. Con ello, Carlomagno se había convertido en emperador de Roma.

En la práctica, convertirse en emperador no añadía ninguna tierra al dominio de Carlomagno. Ya gobernaba la mayor parte del antiguo Imperio romano de Occidente gracias a sus numerosas conquistas. Sin embargo, habían pasado más de 300 años desde la última vez que un emperador gobernó Italia, y este nuevo título introdujo las tierras de Carlomagno en una nueva era: la era de un gran imperio. Ya no era simplemente el rey de los francos y lombardos, sino un emperador de un territorio que ahora se conoce como el Imperio carolingio.

El acto de León de coronar a Carlomagno tuvo muchas motivaciones, que todavía son objeto de debate entre los historiadores, y también muchas repercusiones, que resonarían a lo largo de miles de años de historia. Una de las consecuencias más inmediatas fue el conflicto con los bizantinos. El Imperio romano de Oriente estaba gobernado por la emperatriz Irene, cuya pretensión al trono era ya dudosa e inválida —al menos a los ojos de Carlomagno y León— por ser mujer. Según la ley sálica tradicional, que era un simple hecho para estos hombres, las mujeres simplemente no eran aptas para gobernar. A los ojos de León, había coronado a Carlomagno no como emperador de la mitad occidental del Imperio romano, sino de todo el Imperio romano. A la emperatriz Irene no le hizo ninguna gracia, y teniendo en cuenta que poseía un territorio tan cercano a las fronteras de Carlomagno como Venecia, se trataba de una amenaza considerable, que le costaría caro a Carlomagno en los años siguientes.

Pero durante la primera década de Carlomagno como emperador romano, cedió gran parte de la guerra a sus hijos, y pudo asentarse y concentrarse en la administración. Y aquí, él demostraría ser mucho más que un genio militar. La edad había templado un poco la furia del gran hombre, y se dedicó a hacer de su imperio un semillero de cultura, arte y aprendizaje, lo que dio lugar a un poderoso resurgimiento de estas áreas más suaves de la vida que se conocería como el Renacimiento carolingio.

El Renacimiento carolingio

Ahora que llevaba el mismo título que los gobernantes de la antigua Roma, Carlomagno parecía sentir que tenía una deuda con ellos, y se sentía obligado a revivir y preservar sus ideas, escritos y cultura. El Imperio carolingio comenzó rápidamente a convertirse en algo que recordaba a la antigua Roma, y esta inmersión en la cultura y el aprendizaje no se volvería a ver hasta después de la Edad Media.

Una de las primeras medidas de Carlomagno fue estandarizar la moneda utilizada en su reino, basando esta nueva moneda en la de la antigua Roma. Su *livre carolinienne, sous* y *deniers* se basaban en la *libra*, el *solidus* y el *denario* de la antigua Roma, y acabarían convirtiéndose en la libra, el chelín y el penique actuales. Estas monedas se utilizaron en todo su imperio, facilitando el comercio. También se estandarizaron las medidas, facilitando la comunicación. Tal vez por primera vez, los pueblos subyugados de las tribus germánicas que había conquistado pudieron disfrutar de algunos beneficios por formar parte del dominio de Carlomagno.

Carlomagno también parecía estar intentando convertir Aquisgrán en una segunda Roma, ya que la arquitectura de los edificios que encargó allí —y en otros lugares de su imperio— recordaba mucho a la antigüedad romana. La impresionante Capilla Palatina, construida en 792 y lugar de culto personal de Carlomagno en Aquisgrán, es solo un ejemplo.

Sin embargo, la mayor influencia de Carlomagno no radicó en la arquitectura ni en la moneda. Aunque también fue un mecenas de las artes y la música, su pasión más profunda fue la educación y la literatura.

Alcuino de York, un erudito británico, fue uno de los consejeros más queridos y de confianza de Carlomagno y también uno de los educadores más influyentes de su época. Carlomagno le dio a Alcuino todo lo que necesitaba para convertir Aquisgrán en un floreciente centro de aprendizaje. En una época en la que incluso las personas de más alta alcurnia rara vez aprendían a leer o escribir, Carlomagno causó sensación al hacer que Alcuino compusiera un plan de estudios estandarizado, llevando la alfabetización y la educación a lo largo y ancho del Imperio carolingio.

Alcuino también se encargó de una extensa biblioteca de palacio, un tesoro de valor incalculable en la época anterior a la imprenta. La biblioteca no se limitaba a albergar viejos y polvorientos libros que nunca veían la luz del día. La nueva ola de alfabetización que sacudía a Aquisgrán era tal que los libros de la biblioteca tenían una gran demanda; los eruditos no podían copiarlos con la suficiente rapidez.

Los propios libros también cambiaron bajo el mecenazgo de Carlomagno. La escritura evolucionaba y se hacía cada vez más accesible. Aunque antes era una habilidad reservada solo a las personas más instruidas, la lectura era algo que cada vez más personas de la nobleza podían hacer. Esto se debía en parte a la educación y en parte al hecho de que Alcuino estaba revolucionando la facilidad de lectura al estandarizar el uso de las mayúsculas e incluso los espacios entre palabras, inventando una nueva forma de escritura conocida como minúscula carolingia.

Siempre como rey cristiano —aunque a veces se comportara con más brutalidad que los llamados bárbaros— Carlomagno animó a Alcuino a trabajar en la Biblia, y el erudito no tardó en aceptar. Se copiaron muchas ediciones completas de la Biblia y se distribuyeron por todo el reino, y con el estímulo de Carlomagno, los diversos pueblos que gobernaba comenzaron a traducir las Escrituras a su propia lengua vernácula. Sajones, hispanos, ávaros y eslavos pudieron estudiar la Biblia en sus propias lenguas por primera vez.

Sin embargo, la Biblia no fue el único texto antiguo que conservó Carlomagno. De hecho, el Renacimiento carolingio es el responsable de la conservación de casi todos los textos latinos clásicos que tenemos hoy en día.

Sin la imprenta, la producción de libros era un proceso increíblemente largo y minucioso. Cada línea tenía que ser copiada a mano, palabra por palabra, a menudo por monjes silenciosos que trabajaban en sus abadías. Los antiguos manuscritos latinos no eran una excepción, y en los oscuros años que siguieron al fin del Imperio romano, el mundo, devastado por la guerra, rara vez había tenido el mismo tiempo y dinero para copiarlos. Pero Carlomagno estaba decidido a preservar cada uno de ellos. Mandó hacer cientos de copias de cada uno de estos importantes libros y, de hecho, casi todas las obras clásicas que aún conservamos fueron copiadas por los carolingios.

Sin la influencia de Carlomagno, no tendríamos las *Meditaciones* de Marco Aurelio ni la *Eneida*. No conoceríamos la historia del Imperio romano de Tácito ni el relato de las conquistas de Julio César en la Galia. Las obras de Cicerón se habrían perdido para siempre, y la *Historia Natural* de Plinio se habría desintegrado bajo el brutal peso del tiempo.

Este amor por el aprendizaje que se inculcó en todo el Imperio carolingio era algo que Carlomagno sentía profundamente en su propio corazón. Convocó a grandes maestros de todo su reino para que le enseñaran diversas materias que se remontaban a la antigüedad, como retórica, gramática, astronomía, lógica e incluso aritmética. Se convirtió en un hombre culto, mucho más que la mayoría de los reyes medievales, pero había una habilidad sencilla que muchos de nosotros en el mundo moderno damos por sentada, pero que él nunca pudo dominar. Es más que probable que

Carlomagno supiera leer, pero nunca aprendió a escribir. No formó parte de su educación temprana, y trató de aprender en su vida posterior, pero la habilidad se le escapaba constantemente.

El gran emperador había conquistado tantos territorios vastos, pero seguía siendo derrotado por la palabra escrita. Esto parece haberle frustrado durante décadas. Hasta el final de su vida, guardó una tablilla de cera bajo la almohada y practicaba las letras en vano.

La muerte de Carlomagno

Cuando Carlomagno se acercaba a los setenta años, empezó a consolidar los planes que había hecho años antes. Aunque muchas de sus ideas eran muy progresistas, Carlomagno era un tradicionalista a la hora de planificar su sucesión. Consideraba que su título de emperador del Sacro Imperio Romano Germánico era algo honorífico, no ligado a la herencia, y por ello, decidió repartir sus tierras entre Carlos, Pipino y Luis.

El destino, sin embargo, tenía otras ideas. En el año 810, el conflicto con el Imperio bizantino llegó a su punto álgido. Este imperio controlaba Venecia, pero la ciudad había perdido el respeto por Constantinopla y cambió su lealtad a Pipino, el rey de Italia. Sin embargo, los bizantinos no iban a renunciar a Venecia sin luchar. Pipino cabalgó para asediar la ciudad, pero sus planes se vieron frustrados cuando se desató una enfermedad entre sus tropas. Se vio obligado a regresar a su país con el rabo entre las piernas y las filas rotas de hombres enfermos. Es posible que el propio Pipino hubiera contraído una enfermedad allí, ya que murió pocos meses después, dejando a Italia sin rey.

Solo un año después, Carlos el Joven, rey de Francia, sufrió una tragedia similar. No tenía hijos, y fue un golpe terrible cuando murió en el año 811 tras sufrir una apoplejía.

Tras perder a sus dos queridos hijos con pocos meses de diferencia, Carlomagno tuvo que salir de su dolor personal para darse cuenta de que sus muertes podrían tener terribles implicaciones para su imperio. Al menos le quedaba un hijo: Luis el Piadoso, el rey de Aquitania, que también controlaba las Marcas Hispánicas. Ahora que sus hermanos habían muerto, Luis tendría que cargar con todo el peso del imperio sobre sus propios y jóvenes hombros. En 813, posiblemente demasiado viejo para viajar a Roma, Carlomagno convocó a Luis para que se reuniera con él en Aquisgrán. Le hizo ungir y coronar como coemperador del Imperio carolingio, aunque Luis nunca sería nombrado emperador del Sacro Imperio Romano Germánico como su padre. Luis también recibió la mitad de las tierras de Carlomagno; el emperador le dejaría el resto tras su muerte, excepto Italia, que pasó a manos del hijo ilegítimo de Pipino, Bernardo.

Puede que Carlomagno se estuviera haciendo demasiado viejo y frágil para cabalgar hasta Roma, pero todavía parecía estar bastante vigoroso en el otoño de 813. Lo pasó cazando y cabalgando por la hermosa y ardiente campiña que rodeaba su apacible hogar, con la seguridad de que Luis era un hombre según su corazón y cuidaría del imperio como si fuera suyo. Pero el desastre llegó ese invierno. El emperador desarrolló una tos y fiebres repentinas que iban y venían, dejando su fuerte rostro demacrado y pálido.

En enero, estaba claro que Carlomagno se estaba muriendo. Había contraído pleuresía, una inflamación de los espacios que rodean los pulmones, y en el siglo IX no había forma de tratarla. El 21 de enero de 814, deprimido sin remedio y todavía ardiendo de ambición tanto como de fiebre, Carlomagno se acostó. Siete días más tarde, murió a la edad de 71 años, habiendo gobernado Francia durante casi medio siglo.

Toda la riqueza personal de Carlomagno fue donada a la Iglesia católica romana, que había protegido con tanto fervor durante su vida.

Conclusión

Como se había prometido, a la muerte de Carlomagno, Luis el Piadoso se convirtió en el gobernante del Imperio carolingio, mientras que Bernardo se convirtió en el rey de Italia. Durante el gobierno de Luis, el Imperio carolingio se mantuvo unido, pero fue un vínculo muy tenue. Luis habría sido mucho mejor clérigo que rey; era una persona profundamente devota, entregada a la Iglesia y, en general, bien intencionada, pero fracasó estrepitosamente como administrador. Durante su gobierno se produjeron varias revueltas.

Las cosas no hicieron más que empeorar cuando Luis murió, dividiendo el imperio entre sus tres hijos. Estos hombres eran celosos y ambiciosos, y lucharon entre sí, desgarrando el imperio desde dentro. Esto lo hizo vulnerable a los atacantes de más allá de sus fronteras. Los vikingos, aún aferrados a su paganismo y aterrorizados de sufrir el mismo destino que los sajones, decidieron atacar primero antes de ser invadidos. Aniquilaron las tierras fronterizas del Imperio carolingio y estuvieron a punto de apoderarse de París cuando el rey de Francia —Carlos el Gordo, bisnieto de Carlomagno— los sobornó para que se marcharan en el año 888. Con ello, el Imperio carolingio había caído.

Sin embargo, la época del Imperio romano estaba lejos de terminar. De hecho, la coronación de Carlomagno puede haber parecido un paréntesis en la agonía de Roma, pero en realidad fue el comienzo de toda una nueva era. Casi dos siglos después de la coronación de Carlomagno, un nuevo emperador del Sacro Imperio Romano Germánico sería coronado cuando Otón I de Alemania marchó en ayuda del papa Juan XII. En agradecimiento, el papa le concedió el antiguo título de Carlomagno, y el Imperio romano siguió viviendo como el Sacro Imperio Romano. Seguiría siendo una fuerza importante en la política mundial hasta su declive en 1806.

El Sacro Imperio Romano no fue el único legado de Carlomagno. De hecho, es difícil imaginar un líder más influyente en el curso de la historia que este rey con sus conquistas y su renacimiento. Hay muchos aspectos cotidianos de nuestro mundo moderno que pueden atribuirse, al menos en parte, a su gran influencia. Nuestro conocimiento de la antigua Roma. Nuestro concepto de la Europa actual. La amplia difusión del cristianismo y todo lo que vino con él. ¿Acaso más de nosotros celebraríamos la Navidad en lugar del Yule si Carlomagno no hubiera gobernado?

Este emperador fue muchas cosas, y muchas de ellas no fueron positivas. Era un asesino, un guerrero. Era tempestuoso, brutal, cerrado y arrogante. Pero también era inteligente, ambicioso, impulsivo y decidido. Y, nos guste o no, nuestras vidas actuales son muy diferentes gracias a este hombre que vivió hace más de mil años.

Vea más libros escritos por Captivating History

Fuentes

Kreis, S. 2006, *The Conversion of Clodoveo*, The History Guide, visto el 24 Abril 2020,
<http://www.historyguide.org/ancient/Clodoveo.html>

Rickard, J. 2012, *Battle of Soissons, 486*, History of War, visto el 24 Abril 2020,
<http://www.historyofwar.org/articles/battles_soissons.html>

History.com Editors 2018, *Huns*, A&E Television Networks, visto el 15 Abril 2020, <https://www.history.com/topics/ancient-china/huns>

Pruitt, S. 2018, *8 Things You Might Not Know About Attila the Hun*, A&E Television Networks, visto el 15 Abril 2020,
<https://www.history.com/news/8-things-you-might-not-know-about-attila-the-hun>

Pelegro, B. 2017, *Rome Halts the Huns*, National Geographic, visto el 15 Abril 2020,
<https://www.nationalgeographic.com/history/magazine/2017/01-02/roman-empire-decline-attila-the-hun/>

Stoddard, B. C. 2014, *Attila the Hun & The Battle of the Catalaunian Plains*, Warfare History Network, visto el 15 Abril 2020,
<https://warfarehistorynetwork.com/2014/08/27/attila-the-hun-the-battle-of-the-catalaunian-plains/>

Cavendish, R. 2011, *Death of Clodoveo I of the Franks*, History Today, visto el 15 Abril 2020, <https://www.historytoday.com/archive/death-Clodoveo-i-franks>

Mingren, W. 2016, *The Commanding Clodoveo I: King of the Merovingian Dynasty and Founder of France*, Ancient Origins, visto el 15 Abril 2020, <https://www.ancient-origins.net/history-famous-people/commanding-Clodoveo-i-king-merovingian-dynasty-and-founder-france-005777>

Violatti, C. 2014, *Franks*, Ancient History Encyclopedia, visto el 15 Abril 2020, <https://www.ancient.eu/Franks/>

Gascoigne, B. 2001, *History of the Franks*, visto el 15 Abril 2020, <http://www.historyworld.net/wrldhis/plaintexthistories.asp?historyid=ab74>

Wiener, J. 2013, *The Merovingians: The Kings and Queens of the Franks*, Ancient History Encyclopedia, visto el 15 Abril 2020, <https://etc.ancient.eu/interviews/the-merovingians-the-lords-and-ladies-of-the-dark-ages/>

Khan, S. M. 2020, *The Umayyad Dynasty*, Ancient History Encyclopedia, visto el 30 Abril 2020, <https://www.ancient.eu/Umayyad_Dynasty/>

History.com Editors 2019, *Battle of Tours*, A&E Television Networks, visto el 30 Abril 2020, <https://www.history.com/this-day-in-history/battle-of-tours>

Anonymous 2018, *Who Was Charles Martel and Why Is He Called the Hammer?*, History Hit, visto el 30 Abril 2020, <https://www.historyhit.com/day-charles-martel-dies/>

Hickman, K. 2019, *Biography of Charles Martel, Frankish Military Leader and Ruler*, ThoughtCo, visto el 30 Abril 2020, <https://www.thoughtco.com/muslim-invasions-charles-martel-2360687>

Shipley Duckett, E. 2019, *Pippin III*, Encyclopedia Britannica, visto el 30 Abril 2020, <https://www.britannica.com/biography/Pippin-III#ref5592>

Cybulskie, D. 2018, *Childhood in the Middle Ages*, Medievalists, visto el 30 Abril 2020, <https://www.medievalists.net/2018/11/childhood-middle-ages/>

Rendfeld, K. 2018, *Himiltrude: Charlemagne's First Ex-Wife*, Kim Rendfeld, visto el 1 Mayo 2020, <https://kimrendfeld.wordpress.com/2018/09/12/himiltrude-charlemagnes-first-ex-wife/>

Schedel, H. 1493, *The Nuremberg Chronicle*, Morse Library, Beloit College, visto el 1 Mayo 2020, <http://digicoll.library.wisc.edu/cgi/t/text/text-idx?c=nur;cc=nur;view=text;idno=nur.001.0004;rgn=div2;node=nur.001.0004%3A8.150>

Rendfeld, K. 2013, *The Last Lombard King*, Historical Fiction Research, visto el 3 June 2020, <http://historicalfictionresearch.blogspot.com/2013/01/the-last-lombard-king-kim-rendfeld.html>

Rendfeld, K. 2013, *Queen Mother Gerberga: Protecting Her Sons – And Her Power*, Kim Rendfeld, visto el 3 Junio 2020, <https://kimrendfeld.wordpress.com/2013/05/28/queen-mother-gerberga-protecting-her-sons-and-her-power/>

Rendfeld, K. 2012, *Family Feuds: Charlemagne and the Fate of the Church*, Unusual Historicals, visto el 3 Junio 2020, <http://unusualhistoricals.blogspot.com/2012/04/family-feuds-charlemagne-and-fate-of.html>

Rendfeld, K. 2013, *The Insulted Princess: Charlemagne's Second Wife*, Kim Rendfeld, visto el 3 Junio 2020, <https://kimrendfeld.wordpress.com/2013/12/18/the-insulted-princess-charlemagnes-second-wife/>

Snell, M. 2018, *The Lombards: A Germanic Tribe in Northern Italy*, ThoughtCo, visto el 3 Junio 2020, <https://www.thoughtco.com/the-lombards-defintion-1789086>

Mark, J. J. 2014, *Lombards*, Ancient History Encyclopedia, visto el 3 Junio 2020, <https://www.ancient.eu/Lombards/>

Anonymous 2015, *Ancient DNA cracks puzzle of Basque origins*, BBC News, visto el 4 Junio 2020, <https://www.bbc.com/news/science-environment-34175224>

Rodriguez, V. 2019, *Andorra*, Encyclopedia Britannica, visto el 4 Junio 2020, <https://www.britannica.com/place/Andorra>

Hickman, K. 2017, *Charlemagne: Battle of Roncevaux Pass*, ThoughtCo, visto el 4 Junio 2020, <https://www.thoughtco.com/charlemagne-battle-of-roncevaux-pass-2360883>

Sundqvist, O. 2015, *An Arena For Higher Powers: Ceremonial buildings and strategies for rulership in Late Iron Age Scandinavia*, BRILL via Google Books, visto el 5 Junio 2020, <https://books.google.co.za/books?id=CSdzCwAAQBAJ&dq=irminsul+pillar&source=gbs_navlinks_s>

Anonymous 2020, *Paganism, Anglo-Saxon*, Encyclopedia.com, visto el 5 Junio 2020, <https://www.encyclopedia.com/environment/encyclopedias-almanacs-transcripts-and-maps/paganism-anglo-saxon>

Packer, J. I. 2000, *131 Christians Everyone Should Know*, Holman Reference

Sass, R. 2018, *Saxon Paganism for Today*, Lulu Press, Inc. via Google Books, visto el 5 Junio 2020, <https://books.google.co.za/books?id=OZg6CgAAQBAJ&dq=fritzlar+church+saxon+burn&source=gbs_navlinks_s>

Violatti, C. 2014, *The Saxons*, Ancient History Encyclopedia, visto el 5 Junio 2020, <https://www.ancient.eu/Saxons/>

Anonymous 2018, *Viduquindo, Saxon thorn*, The Eighth Century and All That, visto el 5 Junio 2020, <http://www.8thcentury.com/Viduquindo-saxon-thorn/>

Anonymous 2018, *Saxon Wars I*, The Eighth Century and All That, visto el 5 Junio 2020, <http://www.8thcentury.com/the-saxon-wars-i-lets-do-this/>

Anonymous 2018, *Saxon Wars 2: Charles, lawgiver and butcher*, The Eighth Century and All That, visto el 5 Junio 2020, <http://www.8thcentury.com/saxon-wars-2-charles-lawgiver-and-butcher/>

Anonymous 2018, *Saxon Wars 3: The war is over! Right?*, The Eighth Century and All That, visto el 5 Junio 2020, <http://www.8thcentury.com/saxon-wars-3-the-war-is-over-right/>

Evans, G. R. 2014, *Charlemagne vs. the Saxons*, Christian History Magazine, visto el 5 Junio 2020, <https://christianhistoryinstitute.org/magazine/article/charlemagne-vs-the-saxons>

Hourly History 2016, *Charlemagne: A Life from Beginning to End*, Hourly History via Google Books, visto el 5 Junio 2020, <https://books.google.co.za/books?id=9JKeDwAAQBAJ&dq=battle+of+trsat&source=gbs_navlinks_s>

Story, J. 2005, *Charlemagne: Empire and Society*, Manchester University Press via Google Books, visto el 5 Junio 2020, <https://books.google.co.za/books?id=vTbvq_8HFPUC&dq=charlemagne+slavs&source=gbs_navlinks_s>

Violatti, C. 2014, *Slavs*, Ancient History Encyclopedia, visto el 5 Junio 2020, <https://www.ancient.eu/Slavs/>

Mark, J. J. 2014, *Avars*, Ancient History Encyclopedia, visto el 5 Junio 2020, <https://www.ancient.eu/Avars/>

Pohl, W. 2018, *What is So Fascinating About the Avars?*, Osterreichische Akademie der Wissenschaften

Bachrach, B. 2013, *Charlemagne's Early Campaigns (768-777): A Diplomatic and Military Analysis*, BRILL via Google Books, visto el 5 Junio 2020, <https://books.google.co.za/books?id=k0B92eRh2-EC&dq=charlemagne+bavaria&source=gbs_navlinks_s>

Anonymous 2020, *Louis I*, Encyclopedia.com, visto el 6 Junio 2020, <https://www.encyclopedia.com/people/history/french-history-biographies/louis-i-louis-pious>

Editors of the Encyclopedia Britannica 2019, *Carolingian dynasty*, Encyclopedia Britannica, visto el 6 Junio 2020, <https://www.britannica.com/topic/Carolingian-dynasty>

Freeman, J. A. 2014, *Alcuin of York*, Christian History Institute, visto el 6 Junio 2020, <https://christianhistoryinstitute.org/magazine/article/alcuin-of-york-and-charlemagne>

Fleener, M. 2005, *The Significance of the Coronation of Charlemagne*, Medievalists, visto el 6 Junio 2020, <https://www.medievalists.net/2010/12/the-significance-of-the-coronation-of-charlemagne/>

von Hellfold, M. 2009, *Charlemagne is crowned emperor – December 25, 800*, DW.com, visto el 6 Junio 2020, <https://www.dw.com/en/charlemagne-is-crowned-emperor-december-25-800/a-4614858-1>

Loughlin, J. 1907, *Pope Adrian I*, Catholic Encyclopedia, visto el 6 Junio 2020, <https://www.newadvent.org/cathen/01155b.htm>

Editors of the Encyclopedia Britannica 2020, *Adrian I*, Encyclopedia Britannica, visto el 6 Junio 2020, <https://www.britannica.com/biography/Adrian-I>

Mann, H. 1910, *Pope St. Leo III*, Catholic Encyclopedia, visto el 6 Junio 2020, <https://www.newadvent.org/cathen/09157b.htm>

Snell, M. 2017, *Pope Leo III*, Thoughtco, visto el 6 Junio 2020, <https://www.thoughtco.com/pope-leo-iii-profile-1789101>

Editors of the Encyclopedia Britannica 2020, *Pippin, King of Italy*, Encyclopedia Britannica, visto el 6 Junio 2020, <https://www.britannica.com/biography/Pippin-king-of-Italy>

Sullivan, R. E. 2020, *Charlemagne*, Encyclopedia Britannica, visto el 6 Junio 2020, <https://www.britannica.com/biography/Charlemagne/Military-campaigns>

Biography.com Editors 2014, *Charlemagne*, Biography.com, visto el 6 Junio 2020, <https://www.biography.com/royalty/charlemagne>

Brondou, C. 2011, *Charlemagne, King of the Franks and Holy Roman Emperor*, Finding Dulcinea, visto en Junio 2020, <http://www.findingdulcinea.com/features/profiles/c/charlemagne.html>

History.com Editors 2019, *Charlemagne*, A&E Television Networks, visto en Junio 2020, <https://www.history.com/topics/middle-ages/charlemagne>

Mark, J. J. 2019, *Charlemagne*, Ancient History Encyclopedia, visto en Junio 2020, <https://www.ancient.eu/Charlemagne/>

Ilustración I:
https://commons.wikimedia.org/wiki/File:Charlemagne_Notre_Dame.jpg

Ilustración II:
https://commons.wikimedia.org/wiki/File:Charlemagne_and_Pope_Adrian_I.jpg

Ilustración III:
https://commons.wikimedia.org/wiki/File:Ary_Scheffer,_Charlemagne_re%C3%A7oit_la_soumission_de_Widukind_%C3%A0_Paderborn,_(1840).jpg

Ilustración IV: By Lokilech - Own work, CC BY-SA 3.0, https://commons.wikimedia.org/w/index.php?curid=2236671

Ilustración V:
https://commons.wikimedia.org/wiki/File:Charlemagne_et_Alcuin.jpg

www.ingramcontent.com/pod-product-compliance
Lightning Source LLC
LaVergne TN
LVHW041645060526
838200LV00040B/1715